신화와 전설 속에 잠든
마법의 존재들

판타지사전
Fantasy Dictionary

요 정

신화와 전설 속에 잠든
마법의 존재들

판타지사전
Fantasy Dictionary

요 정

토니양 저

프로방스

본서는 소설가나 시나리오 작가, 만화가, 작곡가, 디자이너를
지망하는 모든 예비 창작자들을 위한 참고서이다.

고대인들이 불 주위에 둘러앉아 읊어주던 이야기가 오랜 세월 세대를
이어 전승되면서 신화가 되었다. 구전되어 오던 신화는 문자가 발명되
면서 기록되기 시작했고, 연극이나 시, 소설, 음악, 미술 등 새로운 방
식으로 활용되었다.
고대 수메르와 이집트신화, 인도와 그리스로마신화, 북유럽신화와 중
국신화, 단군신화에 이르기까지 신화는 인간의 문화에 엄청난 영향을
끼쳤다. 모든 신화에는 우주와 인류의 창조, 신과 영웅, 그리고 정령들
의 본성, 사후세계, 세계의 종말을 다루고 있다. 신화는 사랑과 질투,
전쟁과 평화, 선과 악, 삶과 죽음을 다룬다.

신화는 사람의 이동 경로를 따라서 산을 넘고 강을 건너며, 바다 넘어
먼 지역까지 퍼져나갔고, 그 과정에서 이야기는 끝없이 확장되고 변형
되었다. 때로는 전쟁을 치르는 병사들의 입에서 전해지고, 항해 길에
오른 뱃사람들의 입을 통해서 전해지는가 하면 열사의 사막을 오가는
대상을 통해서도 전해졌다.
오랜 세월이 흐르면서 인간의 문명은 발전해나갔고 신화는 전설이 되
고, 전설은 민담이 되었다. 민담은 상인과 순례자, 여행객의 입을 통해

서 다시 수많은 이야기를 생산했다.

서양 문학의 뿌리인 호메로스Homeros의 서사시에서 오비디우스Publius Ovidius Naso의『변신이야기』, 설화집인『아라비안나이트』, 셰익스피어 William Shakespeare의『한여름 밤의 꿈』, 바그너Richard, Wagner의『니벨룽겐의 반지』, 푸시킨Aleksandr Sergeevich Pushkin의『루살카』, 예이츠William Butler Yeats의『요정과 꼽추』, 존 로널드 로웰 톨킨John Ronald Reuel Tolkien의 반지 이야기, 조앤 K. 롤링Joan K. Rowling의 해리포터 시리즈에 이르기까지 무수히 많은 작품이 신화의 영향을 받았다.

모든 신화는 우주와 인간, 신과 인간들에 관해서 이야기하고 있다. 신과 인간 영웅이 신화의 주연이라면 요정은 조연이다. 그들은 인간과 신의 중간적인 존재로서 때로는 하급 신으로 숭배받기도 하고, 신의 명령에 따라 임무를 수행하기도 한다.

이러한 요정들은 세계 여러 나라의 신화와 전설, 민담에 자주 등장하는데 그 수는 헤아릴 수 없을 만큼 많다.

고대인들은 산과 숲, 들과 계곡, 샘과 개울가에서 호수와 강, 바다에 이르기까지 각기 고유한 요정이 있다고 믿었다. 이러한 요정들은 대부분 자연을 형상화하거나 의인화된 존재들이다. 그들은 대부분 인간이 가질 수 없는 신비로운 능력을 갖추고 있다. 그들은 영원히 죽지 않거나 인간보다 오래 살며, 인간의 의학으로 치료할 수 없는 어떤 난치병도 쉽게 치료했다. 몸의 크기를 마음대로 늘리거나 줄였고, 자신의 모습을 다양하게 바꿀 수도 있었다. 폭풍우를 부르고 홍수가 나게 하며 계절을 바꾸고, 하늘이나 물속을 자유롭게 왕래했다. 눈 깜짝할 사이에 거대한 성을 옮기고 인간의 미래를 예언하기도 했다. 인간에게 저주를 내리거나 행운을 줄 수도 있었다.

요정들은 대부분 인간들이 꿈도 꿀 수 없는 불가능한 일들을 가능하게 만든다. 인간은 그들의 능력을 두려워했다. 먼 길을 떠나는 나그네는 사막에서 라미아를 만나지 않도록 기도했고, 밤을 지새울 낡은 성에 찾아 든 여행자는 잔인한 레트 캡을 경계해야 했다. 나무꾼이나 사냥꾼들은 숲의 파수꾼인 레쉬의 눈치를 살펴야 했다.
항해에 나선 뱃사람이라면 세이렌이나 스킬라를 피해야만 했다. 하지만 모든 요정이 인간을 해치거나 피해를 주는 존재는 아니다. 간다르바는 결혼과 출산의 수호요정으로 인간들을 도왔고, 글루아가호는 진실하고 선한 사람들을 찾아다니며 행운을 선물했다. 노크나 코블리노는 광부들에게 금맥의 위치를 알려주거나 위험을 경고하기도 했다.

브라우니와 코볼트, 니세는 사람들의 집안일을 도왔고, 올레르게이와 쟌트만은 아이들에게 달콤한 꿈과 잠을 선물했다. 운디네나 닉스, 루살카 등은 종종 인간과 사랑에 빠지기도 했다. 비록 요정과의 사랑은 비극으로 끝나는 경우가 많았지만, 인간과 요정은 매우 가까운 거리에 있었다. 하지만 과학문명이 눈부시게 발전하면서 그들은 인간과 점점 거리가 멀어져갔다.

신의 영역이라고 불리는 인간복제가 가능하다고 여겨지는 오늘날, 사람들은 더는 요정의 존재를 믿지 않는다. 인간의 과학은 하늘을 나는 꿈을 넘어서 우주탐사시대를 열었다. 인간에게 불가능하다고 여겨지던 요정의 능력도 상당 부분 과학의 힘으로 얻을 수 있게 되었다.

요정들은 이제 신화와 전설 속에 깊이 잠들어 버렸다. 하지만 그들이 우리의 관심 밖으로 완전히 사라진 것은 아니다. 그들은 우리에게 여전히 신비롭고 매력적인 존재들이다.

소설가들은 그들의 작품 속에 살아 숨 쉬게 하고, 화가는 그들의 모습을 화폭에 담고, 시인은 그들의 삶을 노래하고 음악가는 그들의 이야기를 선율에 싣는다.

영화나 게임, 소설이나 만화 속에서 그들은 아직도 우리에게 자신들의 존재를 알리고 있다. 그 속에서 그들은 우리에게 두려움에 대한 용기와 자신감, 삶의 지혜를 깨우치게 하며, 무한한 상상력을 자극하여 과학이나 예술에 대한 영감을 불러일으켜 준다.

영국의 소설가 로버트 루이스 스티븐슨Robert Louis Stevenson(보물섬의 저자)은 꿈속에서 브라우니가 나타나 환상적인 주제를 알려주었다고 말했다.

지킬박사가 악마 같은 하이드씨로 변하게 되는 '지킬박사와 하이드씨' 이야기도 브라우니로부터 얻은 영감으로 쓸 수 있었다고 한다.

본서는 소설가나 시나리오 작가, 만화가, 작곡가, 디자이너를 지망하는 모든 예비 창작자들을 위한 참고서이다. 문학, 미술, 음악, 게임, 영화 등 분야는 달라도 창작의 세계에 도전하는 예비창작자라면, 특히 판타지작품을 쓰고 싶다면 이 책은 훌륭한 안내자가 되어줄 것이다. 로버트 루이스 스티븐슨이 브라우니를 만나서 '지킬박사와 하이드씨'라는 명작을 쓸 수 있었듯이 여러분도 요정을 만나고, 그들의 이야기에 귀 기울인다면 그들에게서 좋은 소재나 아이디어를 선물로 받게 될지도 모른다.

"가령 눈에 보이지 않는다 치더라도 그런 존재가 있다는 생각만으로도 주변에 있는 작은 개울이나 계곡이 무언가 매력이 넘치는 장소로 순식간에 변할 것이다. 또한, 시골에서 산책을 즐기면서 로맨틱한 호기심을 만끽할 수도 있다. 우리가 요정의 존재를 인정한다면 어쩌면 깊은 수렁에 빠진 20세기 정신에 커다란 충격을 줄 수 있다. 동시에 이 세상에 무언가 매력적이고 신비로운 생명이 있다는 것을 인정하는 일도 된다." –아서 코난 도일Arthur Conan Doyle

＊본서의 요정에 대한 분류 중 요정의 키와 수명에 대한 내용은 일부 오류가 있을 수 있습니다. 요정의 수명은 인간보다 훨씬 길지만, 불사의 존재는 아닙니다. 신과 요정의 차이 중 하나가 신은 불사의 몸을 가지고 있지만, 요정은 조건에 따라 죽거나 소멸한다는 것입니다. 요정에 대한 기록 중 상당 부분은 수명에 대한 언급이 없는 경우가 많습니다. 그 경우 유사한 종의 수명(고블리노는 같은 종족인 고블린의 수명을 기준으로 하였음)을 따랐음을 밝혀둡니다.

요정들의 키 역시 정확한 기록이 없는 경우가 많았고, 이 경우도 비슷한 종족이나 인간을 기준으로 하여 설정하였습니다. 추후 정확한 자료가 발견되면 오류에 대해서 수정할 것을 약속드립니다.

차례 | CONTENTS

112 │ 29_ 머메이드 Mermaid

영국의 인어 요정 '머메이드' 는 강이나 깊은 바닷속 궁전에서 산다. 윗몸은 사람, 아랫몸은 물고기. 여성 인어는 머메이드, 남성 인어는 '머 맨' 이다. 바다에서 죽은 사람을 배에 태워 바다에 매장된 사람의 영혼을 바닷속 궁전으로 데려가는 일을 한다.

115 │ 30_ 메로우 Merrows

아일랜드의 남자 인어 요정 '메로우' 는 바다에 산다. 윗몸은 사람, 아랫몸은 물고기, 항상 '코흘린 드류' 라는 빨간 모자를 쓰고 다닌다. 그 모자는 바다 생활이 가능하게 하는 마법의 모자이다. 마법 모자를 도둑맞으면 바다로 돌아갈 수 없다.

117 │ 31_ 멜루신 Melusine

프랑스의 샘의 요정 멜루신은 상체는 아름다운 여성, 하체는 뱀이다. 그녀의 어머니는 샘의 요정 '프레시나Pressina' 이며 아버지는 알바니Albany(스코틀랜드의 옛 이름)왕국을 다스리는 '엘리누스Elinus' 왕이다.

122 │ 32_ 모건 르 페이 Morgan le Fay

영국의 요정 '모건 르 페이' 는 아서왕과 아버지가 같고 어머니가 다른 누나이다. 여섯 명의 '페이' 들 중 하나이다. 이탈리아에서는 '파타모르가나' 라고 부른다. 마법에 걸린 사과의 섬 '아발론' 을 다스렸다.

125 │ 33_ 바다흐 Bodach

영국의 요정 '바다흐' 는 스코틀랜드의 고원지대에 산다. 사람과 비슷하게 생겼지만, 자세히 보면 매우 흉측하고 우스꽝스럽다. 부모의 말을 안 듣는 아이를 보면 굴뚝으로 들어가서 그 아이를 잡아간다.

127 │ 34_ 바베가지 Barbegazi

프랑스 요정 '바베가지' 는 프랑스와 스위스의 국경의 산맥에 산다. 키는 약 20cm. 사람의 손바닥 위에 올라갈 만큼 작다. 수염은 추위 탓인지 늘 고드름처럼 얼어붙어 있다. 몸에 비해 발이 유난히 크다.

129 │ 35_ 반니크 Vannik

러시아의 요정 반니크는 목욕탕이나 사우나를 지키는 요정이다. 사람들과 똑같이 생겼으나 뜨거운 김 사이로 나타나기 때문에 확실한 모습은 알 수 없다. 반니크는 사람의 미래를 예언하는 능력이 있다.

153 |

43_ 블랙 애니스 Black Annis

블랙 애니스는 영국의 외눈박이 노파 요정이다. 레스타샤의 데인 언덕에 있는 동굴에 거주한다. 인간을 잡아먹는 사악한 요정으로 얼굴은 새파랗고 덧니가 길고 희다. 손톱이 길고 쇠처럼 단단해서 손톱으로 동굴을 팔 수 있다.

155 |

44_ 세이렌 Siren

'세이렌'은 아름다운 얼굴과 독수리의 몸체를 가진 그리스의 바다 요정이다. 그녀들은 아름답고 달콤한 목소리로 노래를 부르며 지나가는 뱃사람들을 유혹했다. 세이렌의 노래에 넋을 잃은 선원들의 배는 어김없이 바위에 부딪쳐 난파당했다.

159 |

45_ 스킬라 Scylla(개의 자식이라는 뜻)

스킬라는 메가라 왕 니소스Nisus의 딸이다. 원래 바다의 신 글라우코스의 사랑을 받는 님프였으나 질투에 눈이 먼 키르케의 저주 때문에 3중 이빨을 가진 입과 6개의 머리, 12개의 다리를 가진 흉측한 괴물로 변했다.

162 |

46_ 스프리간 Spriggans

스프리간은 거인들의 보물을 지키는 요정이다. 영국의 땅 끝이라 불리는 콘월 지방에 산다. 고대 거인들의 유적지나 지하에 숨겨진 보물이나 요정 왕국을 침입자나 적으로부터 지킨다. 보통 때는 키가 작지만, 필요에 따라 몸의 크기를 자유자재로 바꾼다.

164 |

47_ 시오크 Cheopues

아일랜드의 요정들 '시오크'는 호수의 작은 섬이나 가시덤불에 산다. 귀여운 소녀처럼 생겼다. 그런데 생긴 모습과 달리 짓궂고 장난꾸러기이다. 취미는 장난치기, 노래하기, 시인에게 영감을 주고 노래를 잘하는 사람의 소원을 들어준다.

166 |

48_ 실프 Shylph

유럽의 바람의 요정 '실프'는 인간을 열렬하게 사랑한다. 그런 만큼 질투심도 강하다. 실프는 바람의 요정이기 때문에 쉽게 모습을 감출 수 있다. 공기를 마음대로 다룰 수 있으며 바람을 타고 원하는 곳으로 이동할 수 있다.

168 |

49_ 아마단 Amadan

아일랜드와 스코틀랜드의 민간전승에 등장하는 요정 '아마단'은 저주를 부르는 불길하고 사악한 요정이다. 주로 달이 뜨는 밤이면 검은 옷을 입고 나타나 피리를 불며 사람을 홀린다. 아마단의 피리 소리에 홀린 사람은 미치거나 바보가 된다.

가 › 01 간다르바 | Gandharva

천룡팔부天龍八部: 불법을 지키는 신장(神將)들, 곧 천(天), 용(龍), 야차(夜叉), 건달바(乾闥婆), 아수라(阿修羅), 가루라(迦樓羅), 긴나라(緊那羅), 마후라가(摩睺羅伽)의 팔 신(八神)을 말한다.

신장(神將): 신(神)의 병사들을 거느리는 장수(將帥)를 말하며, 신과 같은 장수, 장수의 격을 가진 귀신을 말하기도 한다.

인도의 요정 '간다르바'는 전설 속 '월카샤 바다'에서 살았다. 반인반조半人半鳥(상체는 날개 달린 인간, 하체는 새)로 하늘을 자유롭게 날아다닐 수 있었고, 여러 가지 모습으로 변신할 수도 있었다. 술과 고기를 먹지 않으며, 향香만 먹고 살기 때문에 몸에서 향기를 냈다. 그들은 남성밖에 없어서 하늘나라의 무희들인 '아프사라스'들과 연애를 하고 결혼했다. 성격은 매우 쾌활하고 자유분방하지만 애정 관계에서만큼은 유독 질투가 심했다.

간다르바가 하는 일은 매우 다양했다. 그들은 음악의 신 긴나라緊那羅와 함께 제석천帝釋天을 모셨고, 하늘나라의 악사로서 여러 신을 위해 곡을 연주했다. 또 그들은 별자리를 맡아서 관리했고, 태양신의 마차를 몰았으며, '소마Soma(마신 자에게 영원한 생명을 부여하는 신들의 음료)'를 지켰다.

간다르바는 결혼과 출산, 아이들의 수호신이기도 했다. 그들은 결혼식에서 신부를 지켰고, 출산 때는 악마로부터 산모와 태어난 아기를 지켜주었다. 하지만 가끔 사람에게 장난을 치는 경우도 있었다.

후세에는 천룡팔부天龍八部중의 하나로서 불법의 수호자가 되었다. 한편 페르시아 신화에서는 한꺼번에 사람을 열두 명이나 잡아먹는 무시무시한 괴물로 등장한다. 불전에서는 건달파乾闥婆로 음역되는데 우리나라의 '건달'이라는 단어도 이 말에서 유래된 것으로 추측된다.

간다르바
Gandharva

간다르바

분포지역: **이란/ 인도**
주거지: **월카샤 바다**
성별: **남**
수명: **불사**
신장: **2m**
성격: **쾌활, 자유분방함**
별명: **천상의 악사**
특기: **악기 연주**

› ⓸ 간코너 | Ganconer

아일랜드의 요정 '간코너 '는 그 이름이 '사랑을 말하는 자' 라는 뜻이다. 원래는 노인의 모습인데 항상 젊고 잘 생긴 청년으로 변신하여 사람 앞에 나타났다.

간코너는 멋진 외모와 달콤한 음성, 부드러운 이미지, 신사적인 매너에 마법까지 사용해서 젊은 여자들을 유혹한다. 외딴곳에서 만난 젊고 잘생긴 남자가 입에 파이프 담배를 물고 있으면 십중팔구 그가 간코너일 가능성이 높다. 하지만 그의 마법은 강렬해서 여자들은 대부분 유혹에 넘어가고 만다. 간코너와 사랑의 입맞춤을 한 여자는 곧 사랑의 포로가 된다. 여자가 간코너를 미치도록 사랑할 때 쯤 그는 말없이 어디론가 사라져 종적을 감춰버린다. 버려진 여인은 상사병으로 몸져누웠다가 결국 목숨을 잃고 말았다.

아일랜드에는 '사랑을 말하는 자를 만나는 여자는 곧 자신의 수의를 짜야 한다.' 라는 속담이 있을 정도다. 하지만 경고에도 불구하고 여자들은 언제나 간코너의 유혹에 넘어갔고 사랑을 갈망하다가 목숨을 잃고는 했다.

동유럽의 루마니아에도 간코너와 비슷한 정령이 있었다. 밤에 멋진 남성으로 변신해서 사춘기 소녀나 갓 결혼한 새색시들을 노리는 즈부러

간코너
| Ganconer

간코너

분포지역: **아일랜드**
주거지: **일정한 거처가 없음**
성별: **남**
수명: **200년**
신장: **1m 80cm**
성격: **이중적이다**
별명: **사랑을 말하는 자**
특기: **상사병 일으키기**

토룰Zburătorul이다.

이 요정은 희생자가 될 사춘기의 소녀나 성에 대한 집착이 강한 여자를 찾아 자정부터 새벽까지 온 마을을 돌아다녔다. 대상을 찾으면 매력적인 남성으로 변신해서 바람처럼 살며시 그녀의 침대 속으로 파고들었다. 즈부러토룰은 여인과 밤이 새도록 달콤한 사랑을 나눈 뒤 새벽을 알리는 닭 울음소리가 들리면 유유히 사라졌다.

즈부러토룰과 사랑을 나눈 여인은 지독한 사랑의 열병을 앓았다. 이 열병은 리파투러Lipitură 라고 부르는데, 막연한 희열과 애매한 고통을 동시에 느끼는 증세를 보였다.

즈부러토룰을 막으려면 집안의 문, 창문, 굴뚝, 쪽문 등 모든 틈새에 마늘을 바르고 칼을 꽂아 놓거나 주술적 효능이 있는 약초를 가방에 담아 매달아 놓으면 된다.

❯ 03 고블린 | Goblin

프랑스의 요정 '고블린'은 더럽고 인간에게 해로운 요정이다. 성질은 포악하고 교활하며 인간을 불행하게 만드는 게 취미다. 고기를 좋아해서 사람을 잡아먹기도 한다. 그리고 성욕이 강해서 인간 여자와 강제로 성관계를 갖기도 한다. 이때 태어난 아이는 대부분 저능아가 된다. 수명은 30년으로 다른 요정들에 비하면 매우 짧다. 키는 1m쯤 된다. 짐승 같은 얼굴, 돼지의 눈, 납작한 코, 날카로운 이빨을 가진 추악한 모습이다. 손가락은 유난히 길며, 손톱은 매우 날카롭다. 머리카락은 제멋대로 뒤엉켜있고 얼룩진 피부에서 썩은 냄새가 난다. 그들은 햇빛을 싫어해서 어두컴컴한 동굴에서 숨어 산다. 사람들이 사는 마을에 숨어들어 마음에 드는 집에 거처를 마련하는 경우도 있다. 특히 마을에서 외따로 떨어진 낡고 오래된 집을 좋아한다. 한 곳에 정착하지 않고 자주 거처를 옮겨 다닌다. 왜냐하면, 새로운 장난 거리를 계속 찾아다니기 때문이다.

고블린은 사람들이 모두 잠든 깊은 밤에 활동하면서 짓궂은 장난을 즐긴다. 사람의 귓속에 들어가서 악몽을 꾸게 하거나 지나가는 사람의 발을 걸어 넘어뜨리고는 즐거워한다.

그뿐만이 아니다. 막 지은 밥에 모래나 재를 뿌리고, 이정표 방향을 바꿔놓아 사람들이 길을 잃게 하는가 하면 지나가는 나그네에게 마법을

고블린
_____

분포지역: **유럽**
주거지: **동굴이나 폐가**
성별: **남**
수명: **30년**
신장: **1m**
성격: **교활하다**
별명: **도깨비**
특기: **골탕 먹이기**

걸어 금품을 빼앗기도 한다. 사람을 납치하는 경우도 있는데 그때는 고블린끼리 서로 싸우게 하면 탈출할 수 있다. 고블린은 의심이 많아서 약탈한 물건을 놓고 자주 싸우기 때문이다. 고블린은 엘프나 놈에게 특별한 증오심을 가지고 있다. 그들을 발견하면 즉시 공격하여 붙잡아 가혹한 고문을 가한다. 고블린은 집단으로 살면서 가장 힘이 센 동료를 우두머리로 삼아 위계질서를 세우고 있다. 하지만 개인주의 성향이 워낙 강해서 우두머리의 명령을 무시할 때가 많다.

› 04 구라게드 아누폰 | Gwragedd Annwfn

영국의 요정 '구라게드 아누폰'은 아름다운 금발 여성의 모습이다. 웨일스지방의 작은 호수에 산다. 대부분 물의 요정들은 변덕스럽고 매우 위험한 존재들이다. 하지만 구라게드 아누폰은 다른 물의 요정들과 달리 위험하지 않다.

차분한 성격에 매우 친절할 뿐 아니라 인간을 몹시 사랑한다. 인간과 쉽게 사랑에 빠지고 결혼하여 아이를 낳기도 한다. 하지만 요정과 결혼하려면 먼저 수수께끼 시험을 거쳐야 하고, 시험을 통과한 후에는 한 가지 맹세해야만 한다. 결혼한 후 절대 아내를 때리지 않겠다는 맹세다. 만약 남편이 그 약속을 어기고 세 번 아내를 때리면 요정은 영영 인간세계를 떠나야만 했다. 한 번의 이별은 영원한 이별로 이어졌다. 구라게드 아누폰은 사람의 삶에 남다른 통찰력을 가지고 있어서 세례나 결혼, 장례식 때 보통 사람들과 다른 감정을 느낀다. 자기의 감정을 표현할 때는 남들의 비난을 전혀 두려워하지 않는다.

웨일스의 한 농부가 구라게드 아누폰을 사랑하게 되었다. 그는 요정과 결혼하기 위해 그녀의 아버지가 내는 수수께끼를 통과해야만 했다. 요정은 쌍둥이였는데 자매가 마치 붕어빵틀로 찍은 빵처럼 모습이 똑같았다. 문제는 쌍둥이 자매 중에서 자신의 결혼 상대를 찾아내는 것이었다. 농부는 겨우 배우자를 알아맞히고 그녀의 아버지로부터 결혼승

구라게드 아누폰
| Gwragedd Annwfn

구라게드 아누폰

분포지역: 영국
거주지: 호수
성별: 여
수명: 100년 이상
신장: 1m 60cm
성격: 독특하다
별명: 호수의 요정
특기: 감정 바꾸기

낙을 받을 수 있었다.

농부는 구라게드 아누폰을 아내로 맞이하면서 그녀의 아버지와 한 가지 약속을 했다. 무슨 일이 있어도 아내를 때리지 않겠다는 맹세였다. 농부가 만약 약속을 어기고 아내를 세 번 때리면 영원한 이별을 각오해야만 했다. 그들의 결혼생활은 매우 행복했다. 그들 사이에 아이도 셋이나 태어났다. 그런데 구라게드 아누폰에게는 이상한 버릇이 있었다. 때로 보이지 않는 존재와 이야기를 나누기도 했고, 인간들과 다른 감정을 표현해서 남편을 당황하게 하였다.

축복받는 자리인 아이의 세례식에서 슬픈 표정으로 눈물을 흘리고, 장례식장에 조문을 가서는 즐거운 표정으로 웃었고, 결혼식장에 참석해서는 혼자서 눈물을 흘렸다.

그때마다 농부는 아내의 행동이 부끄러워서 팔로 가볍게 아내의 몸을 쳤다. 그리고 농부가 세 번째로 아내를 때렸을 때 요정은 그의 곁을 떠났다.

그 후 농부는 아내를 두 번 다시 만날 수 없었고, 평생 혼자 살았다고 전해진다.

05 그라쉬티그 / 글레이어스티그 | Glaistig

영국의 요정 '그라쉬티그'의 윗몸은 사람이고, 아랫몸은 산양의 모습을 하고 있다. 사람들에게 산양의 모습을 숨기기 위해 녹색의 긴 드레스를 입기도 한다. 남자를 유혹해서 함께 춤을 춘 후에 흡혈귀처럼 피를 빨아먹기도 했다. 하지만 사람들이 잠든 틈에 집안일을 몰래 돕기도 하는데, 그때는 매우 성실하게 일했다. 일을 도와준 대가로 집주인이 우유 한 잔을 대접하면 그것으로 만족했다. 그러나 변덕이 심해서 사람에게 심술을 부리거나 자주 장난을 치기도 했다.

그라쉬티그는 물을 좋아해서 강가에 자주 모습을 보였고, 가끔 아이들과 물놀이를 즐기기도 했다. 강가에 앉아 있다가 사람이 지나가면 강 건너편까지 업어달라는 부탁을 했다. 이때 순순히 부탁을 들어준 사람에게 큰 보답을 해주었다. 그러나 부탁을 거절한 사람은 심하게 괴롭혔다.

그라쉬티그 / 글레이어스티그

분포지역: **영국**
거주지: **요정의 숲**
성별: **여**
수명: **100년 이상**
신장: **1m 40cm**
성격: **변덕스럽다**
별명: **변덕쟁이**
특기: **장난치기**

› 06 그린 맨 | Green Man

'그린 맨'은 숲의 나무들과 생명체들을 지키는 숲과 나무의 수호요정이다. 그들의 몸통은 나무줄기이고, 팔은 잎사귀가 무성한 나뭇가지이며 발은 나무의 뿌리이다. 겉모습은 다른 나무들과 별반 다를 바가 없다. 그러나 사람처럼 걸을 수 있어서 원하는 곳으로 자유롭게 이동할수 있다.

그린 맨은 인간과 한 덩어리가 된 자연을 상징한다. 자연의 힘과 아름다움을 나타낸다고 볼 수 있다. 그린 맨은 숲과 자연을 지키는 파수꾼으로 사람들이 눈치를 채지 못하게 숲을 살피며 돌아다닌다. 숲을 파괴하는 침입자를 발견하면 큰 나무가 잘리는 소리, 가지가 부러지는 소리나 나뭇잎이 바스락거리는 소리로 위협해서 그를 숲에서 쫓아냈다.

사람들은 숲의 신성함과 위험한 야생성을 알았기에 함부로 숲에 들어가지 못했다. 땔감이나 목재를 얻기 위해서 나무를 벨 때도 숲의 파수꾼에 대한 경외심과 두려움을 가졌다.

그린 맨은 영화 『반지의 제왕』에서 악의 화신 '사우론'에 맞서 싸운 '엔터Ent'와 같은 종족으로 여겨진다. 영국의 중세 고딕양식의 교회와 성곽에서 그린 맨의 모습을 발견할 수 있다. 교회 안의 수많은 조각에도 그린 맨의 머리가 새겨져 있다.

루마니아에도 그린 맨과 비슷한 숲의 정령이 있다. '숲 할망구', '숲의
엄마'라는 뜻의 이름을 가진 무마−파두리Müma-Pădurii이다. 원래 모습
은 앙상한 가지가 엉겨있는 고목과 비슷하지만 주로 추악하게 생긴 늙
은 할망구의 모습으로 등장한다. 하지만 변신능력이 있어서 자주 모습
을 바꾸기 때문에 진짜 모습을 확인할 수는 없다. 때로는 예쁜 소녀의
모습으로 나타나기도 하고 어떤 때는 수녀의 모습으로 나타난다. 심지
어 숲 속에 사는 다양한 짐승이나 새, 곤충으로 변신하기도 한다.

무미−파두리는 원래 숲과 숲을 터전으로 살아가는 생명체들을 지키
고 사람들을 도와주는 착한 정령이었다. 하지만 사람들이 숲을 파괴
하고 그 속에 살고 있는 생명체들을 마구 해치기 시작하면서 성격이
난폭해지기 시작했다. 처음에는 숲에 들어온 침입자들을 겁을 주어
쫓아냈지만 나중에는 사람들을 죽이거나 잡아먹는 무서운 악령으로
변해버렸다.

무미− 파두리는 사람들의 발길이 닿지 않는 숲 속 가장 깊은 곳에 속
이 텅 빈 고목으로 집을 짓고 살아간다. 그 집에서 무미− 파두리는 많
은 자식을 기르며 살고 있다. 그 아이들은 사악한 성격을 가지고 있어
서 항상 말썽을 피우며 숲을 어지럽혔다. 그래서 무미− 파두리는 자식
들을 오래 재우기 위해 인간 아이들의 잠을 훔쳐 와서 자기 자식들에
게 나눠주었다. 때로 아이들을 잡아가기도 하는데 대부분 부모가 없는
집에서 혼자 사는 아이들이 그 대상이었다.

하지만 부정적인 이야기만 전해지는 것은 아니다. 일부 지역에서는 숲
에서 길을 잃은 아이에게 집으로 돌아가도록 도와주었다는 이야기도
전해지고 있다. 고대로부터 지금까지 루마니아 사람들은 자신들을

그린 맨
Green Man

그린 맨

분포지역: **영국**
거주지: **숲 속**
성별: **남**
수명: **500년**
신장: **4m**
성격: **조심스럽다**
별명: **파수꾼**
특기: **다양한 소리 내기**

'숲의 형제'라고 칭하며, 숲에 대한 애정을 가지고 살아왔다.

그들에게 많은 혜택을 베풀어준 숲은 항상 경외의 대상이었고, 숲을 지키는 무미-파두리는 신망의 대상이었다. 무미-파두리는 숲을 파괴하려는 인간들로부터 숲을 보호하고 지키는 파수꾼과 같다. 무미-파두리는 레쉬나 그린 맨과 다를 바 없는 신화 같은 존재다.

› 07 그렘린 | Gremlin

'그렘린'은 비행기 엔진을 망가뜨리는 요정으로 유명하다. 그들은 새로운 것을 만드는 능력이나 손재주가 매우 뛰어났다. 성격은 활달하고 명랑하다. 그들은 매우 작은 요정으로 키가 15cm에서 50cm 정도 된다. 파충류 같은 얼굴에 눈과 귀가 유난히 크고 비행기 조종사 같은 복장을 하고 다닌다.

과학자들에게 발명의 아이디어나 기술을 가르쳐 줄 만큼 사람들에게 친절하다. 그러나 도움을 받은 사람이 욕심에 눈이 어두워 그렘린을 배신하면 철저하게 보복한다.

배신을 당한 그렘린은 심술 맞은 괴물로 변해 사람들에게 못된 장난을 친다. 특히 비행기에 몰래 들어가 엔진을 망가뜨리거나 기계조작으로 고장을 일으킨다. 그래서 비행기 조종사들은 그렘린을 두려워했다.

제1차 세계대전 때 한 비행사가 그렘린을 최초로 목격했다고 한다. 고공에서 비행중인 전투기의 날개에 숨어서 장난치는 그렘린의 모습을 보았다. 1912년 창설된 영국 왕립비행단의 조종사들은 이유를 알 수 없는 사소한 고장으로 비행기를 여러 차례 비상착륙을 시켰다. 이러한 고장은 2차 세계대전 때 더욱 자주 발생했는데, 비행기 조종사나 정비사들은 그 원인을 모두 그렘린 탓으로 여겼다.

■ 그렘린 효과: 엔진이 고장 나거나, 망치질하다 손을 다치거나, 토스터에서 빵이 타거나, 샤워기의 냉온수기가 뒤바뀌는 등 이론적으로 도저히 고장이 날 수 없는데도 고장이 나는 현상을 뜻한다.

■ 미국의 유명한 영화감독 '스티븐 스필버그 Steven Spielberg'는 크리스 콜롬버스 Chris Columbus가 쓴 시나리오『그렘린』을 영화로 만들었다. 스필버그가 제작자로 나선 첫 작품으로 존 단테 감독이 연출을 맡았다. 당시 『그렘린』은 전 세계적으로 흥행 돌풍을 일으키며 무려 2억 달러 이상의 수익을 거뒀다.

그렘린

분포지역: **영국**
거주지: **비행기 기체**
성별: **남**
수명: **30년**
신장: **15~50cm**
성격: **활달하고 명랑하다**
별명: **발명가**
특기: **새로운 물건 만들기**

〉 08 글루아가호 | Gluagaho

영국의 '글루아가호'는 네 잎 클로버를 상징하는 행운의 요정이다. 짧은 초록색 드레스를 입은 예쁜 소녀의 모습이지만 때로 늙은 거지 노파나 어린 소녀로 변신하기도 한다. 그녀가 모습을 바꾸는 이유는 사람들을 시험하기 위해서다. 그녀는 비 오는 날이면 친절한 사람을 찾아 마을을 돌아다닌다. 그녀는 친절한 사람을 만나면 그의 친절이 진심에서 우러나오는 것인지 시험을 하고 시험을 통과한 사람들에게는 큰 행운을 선물한다.

글루아가호는 농장의 가축을 지키는 수호 요정이기도 하다. 자기가 돌보는 농장의 허드렛일을 곧잘 돕는다. 스코틀랜드의 옛이야기에서는 글루아가호에게 친절을 베풀었다가 행운을 얻게 된 사람들의 이야기가 전해진다. 어느 시골 마을에 사는 노부부의 이야기도 그 중 하나다.

어느 마을에 마음씨가 착한 노부부가 살았다. 비가 억수처럼 쏟아지던 어느 날, 나이 어린 거지 소녀 하나가 노부부의 집을 찾아왔다.

소녀는 추위로 오들오들 몸을 떨면서 이틀 동안 아무것도 먹지 못했다며 노부부에게 도움을 요청했다. 노부부는 난로에 불을 지펴 소녀의 옷을 말려주었고 음식을 정성껏 대접했다. 소녀를 측은하게 여긴 노부부는 갈 곳이 없으면 함께 살자고 소녀에게 제안했다.

그때 거지소녀의 모습이 갑자기 요정 글루아가호로 바뀌었다. 글루아
가호는 노부부의 친절에 감동했다면서 행운을 선물했다. 그로부터 얼
마 후 노부부에게는 행운이 따랐고, 큰 부자가 되었다. 노부부는 풍족
한 삶을 누리며 오래오래 행복하게 살았다고 한다.

글루아가호

분포지역: 영국
거주지: 민가
성별: 여
별명: 행운의 요정
수명: 100년 이상
성격: 친절하다
별명: 행운의 요정
특기: 변신술

› 09 네크 | Neck

네크와 엘프는 모습이 비슷해서 사람들이 네크를 엘프로 착각할 때도 있다. 엘프와 네크를 구분하려면 이빨과 머리, 옷을 살펴야 한다. 네크는 물에서 살기 때문에 육지에 있을 때도 머리카락이나 옷이 반드시 물에 젖어 있다.

'네크'는 스웨덴의 강이나 호수에 사는 요정으로 스칸디나비아의 인어와 같은 종류이다. 인어들의 윗몸은 사람, 아랫몸은 물고기인데 네크는 사람의 모습이다.

네크와 사람들이 섞여 있으면 네크를 찾기 어려울 정도이다. 하지만 네크는 항상 녹색 모자를 쓰고 다니고, 이빨이 녹색이기 때문에 주의해서 살피면 어렵지 않게 구분할 수 있다. 사람과 비교하면 키가 작지만, 외모는 무척 매력적이다.

힘이 세고 나무를 잘 타며 달리기도 잘한다. 변신 능력이 뛰어나다. 붉은 머리의 귀여운 소년이나 아랫몸이 말인 잘생긴 청년, 또는 긴 수염을 기른 노인으로 자주 변신한다.

네크는 음악에도 조예가 깊었다. 특히 바이올린이나 하프 연주에 뛰어나다. 인간이 네크의 연주를 들으면 자기도 모르게 물로 이끌려 들어간다.

스웨덴에는 네크의 아이와 여러 가지 시합을 한 소년의 이야기가 전해 내려온다. 네크와 소년은 진 사람이 이긴 사람의 요구를 들어주는 조건으로 시합했다.

첫 번째 시합은 나무타기였다. 소년은 다람쥐를 자신의 동생이라며 시

네크

분포지역: **스웨덴**
거주지: **강이나 호수**
성별: **남**
수명: **100년 이상**
신장: **1m 60cm**
성격: **충동적이다**
별명: **음악가**
특기: **바이올린 연주**

합에 내보냈다. 다람쥐는 순식간에 나무를 타고 올라갔고 네크는 결국 나무타기시합에 졌다.

두 번째는 달리기 시합이었는데 이번엔 토끼를 또 다른 동생이라며 대신 내보냈다. 네크는 결국 두 번째 시합에서도 졌다.

세 번째 시합은 씨름이었다. 소년은 이번엔 자신의 할아버지라며 곰을 내세워 네크와 씨름을 하게 했다.

네크는 씨름에서도 곰에게 지면서 시합에 패하여 소년의 요구를 들어 줘야만 했다. 소년은 바닥에 뒤집어 놓은 모자를 가리키며, 그 속에 금화를 가득 채워 달라고 요구했다. 그런데 이상하게 상당한 양의 금화를 쏟아 부었지만, 모자는 채워지지 않았다.

소년이 미리 구덩이를 깊게 파고, 그 위에 구멍이 뚫린 모자를 올려놓았기 때문이다. 네크는 그 사실을 모른 채 자신의 금화를 모두 털어 넣고 빈털터리가 되었다.

› ⑩ 노움 | Gnome

유럽의 요정 '노움'은 흙의 요정이다. 몸에 털이 많고 우락부락한 모습의 난쟁이다. 항상 뾰족한 붉은 모자에 푸른 옷을 입고 다니며 노인의 모습이다. 키는 1m 미만이고, 평균 수명은 대략 200살 이상이며 장수하면 400살까지 산다. 남자는 가슴까지 수염이 나 있다. 여자 노움도 350살이 넘으면 수염이 난다. 성격은 매우 명랑하고 밝고, 술과 담배를 무척 즐긴다. 손재주가 뛰어나고 지능이 높다. 노움들의 왕은 뤼베잘로 알려졌다.

노움은 조상 대대로 금속을 다루는 특별한 솜씨를 이어받았다. 광석의 채굴에서 제련 및 세공까지 모든 공정을 완벽하게 처리한다.

노움은 자신이 만든 보석이나 훌륭한 금속제품을 집에 보관한다. 주로 광산이나 동굴, 땅 밑에 살면서 밤에 활동하고 낮에는 잠을 잔다. 동물들과 사이가 좋고, 들쥐를 애완용으로 기른다. 동물의 말을 하고 또 들을 수도 있다.

사람에게 보석을 선물하는 것을 좋아한다. 지질학적인 지각능력이 매우 뛰어나 광석이 매장된 위치를 정확하게 찾아낸다.

인간과 사귀지 않지만 잔치나 축제에 인간들을 손님으로 가끔 초대하기도 한다. 잔치가 끝나고 초대받은 손님들이 돌아갈 때 보석을 선물로 준다고 한다.

노움

분포지역: **유럽**
거주지: **광산이나 지하 동굴**
성별: **남, 여**
수명: **400년**
신장: **1m 미만**
성격: **명랑하다**
별명: **보석세공사**
특기: **금속세공**

› 11 노커 | Knocker

영국의 '노커'는 광산의 수호요정이다. 고블린의 일종으로 영국의 콘월지방 광산에 산다. 사람들에게 좀처럼 모습을 드러내지 않지만, 사람들과 사이가 좋다.

광부들이 광산에서 일할 때 노크 소리로 위험을 알려주거나 광맥을 가르쳐 준다. 그래서 노커가 내는 소리를 알아맞히는 전문가가 등장하기도 했다.

노커는 인간들에게 자신의 모습을 보이기 싫어한다. 그래서 인간들이 몰래 자기 모습을 훔쳐보면 크게 화를 낸다.

노커는 자기가 사는 광산에서 휘파람을 불거나 큰 소리로 욕하는 것도 싫어했다. 자기를 훔쳐본 사람이나 휘파람을 불거나 욕을 한 사람에게 반드시 보복한다. 심하면 평생 다리를 쓰지 못하게 만들기도 했다.

노커

분포지역: 영국
거주지: 광산
성별: 남
수명: 50년
신장: 1m 미만
성격: 조심스럽다
별명: 광부 요정
특기: 광맥 찾기

› ⑫ 니뮤에 | Nimue

영국의 요정 '니뮤에'는 매우 아름답고 우아하다. 니니안Nimue 또는 니네브Nineve로 불리기도 한다. 아서 왕 전설에서 모건 르 페이가 아서의 적으로 등장하는 반면, 니뮤에는 아서 왕의 편에 서서 원탁을 지원한다.

니뮤에는 호수의 여왕으로 불리기도 하는데 그녀가 호수로 들어가는 요정의 나라를 다스렸기 때문이다. 니뮤에는 한 때 마법사 '멀린Merlin'의 연인이었다. 그래서 멀린의 마술을 모두 배웠다.

멀린은 그녀에게 주문 하나로 타인을 억류하는 마법을 자세하게 가르쳐주었는데, 니뮤에는 그 마법을 멀린에게 사용했다. 멀린을 너무 많이 사랑하여 그를 독차지하려고 숲 속의 큰 바위 밑에 영원히 가두었다.

어느 날 멀린은 마침 그곳을 지나가던 가웨인 경에게 자신의 신세를 한탄했다고 한다.

"나는 정말 바보였소. 나 자신보다 남을 더 사랑했으니 말이오. 나를 묶어두는 방법을 내가 그녀에게 가르쳐주다니, 정말 어리석었소. 이젠 그 누구도 나를 자유롭게 할 수 없소."

> 니뮤에는 영국 중세의 기사 이야기 『아서왕의 죽음』에 나오는 호수의 요정이며 '호수의 귀부인'이라고 부른다. 그녀가 세이렌의 딸이라는 이야기도 전해진다.

니뮤에

분포지역: **영국**
거주지: **호수**
성별: **여**
수명: **200년**
신장: **1m 80m**
성격: **사려 깊다**
별명: **호수의 귀부인**
특기: **마법**

니뮤에
Nimue

멀린을 영원히 유폐시켜버린 니뮤에는 그를 대신하여 '모건 르 페이
Morgan le Fay'와 싸우며 원탁과 아서왕을 지켰다. 그녀는 기사 란슬롯
Lancelot을 양자로 삼고 기사의 교양과 무예를 가르쳤다고 한다.

아서왕에게 명검 엑스칼리버Excalibur를 준 것도 그녀였다. 그러나 아서
왕의 죽음을 앞두고서는 모건르페와 화해를 했다. 그래서 아서왕을 아
발론으로 옮기는 모건 르 페이의 배에 니뮤에도 함께 타고 있었다.

> **13** 니세 | Nisse

덴마크와 노르웨이의 요정 '니세'는 시골집이나 헛간, 교회에 홀로 외로이 살아간다. 키가 15cm 정도에 노인의 모습이다. 항상 머리에 붉은 고깔모자를 쓰고 회색 로브를 입고 다닌다. 니세는 브라우니나 부카, 코볼트와 같은 종족으로 여겨진다. 성격은 낭만적이며 감수성이 예민하다.

낮에는 집안에 있지만, 밤에는 집 밖 여기저기를 돌아다닌다. 보름달이 환하게 대지를 밝히면 니세들은 마음이 들떠 서로 약속이나 한 듯 들판에 모여든다. 시끄러운 것을 싫어해도 음악은 무척 좋아한다. 악기 연주에 맞춰 노래 부르고 흥겨운 춤판을 벌인다. 요정들의 축제는 밤이 새도록 이어진다.

니세는 인간과 강한 유대감을 맺고 밤마다 몰래 그들의 일을 도왔다. 이들은 주로 부엌이나 마구간 일을 돕는데, 교회에 보금자리를 마련한 니세는 교회 지기의 일을 도왔다. 교회청소부터, 종탑과 종을 관리하는 일은 물론이며 책꽂이와 벽을 보수하는 일까지 도왔다. 그들은 인간들의 거주지에 더부살이하면서 집주인의 이익을 적극적으로 지켰다. 게으른 하녀나, 주인의 물건을 훔치는 도둑으로부터 집주인의 재산을 지켜주었다. 그 보답으로 포리지Porridge('귀리'에 우유나 물을 부어 걸쭉하게 죽처럼 끓인 음식)한 그릇이면 만족했다.

니세

분포지역: **덴마크와 노르웨이**
거주지: **시골집이나 헛간**
성별: **남**
수명: **100년**
신장: **15cm**
성격: **낭만적이다**
별명: **헛간지기**
특기: **변신술**

농장에 사는 니세들은 자기 집 식량이 부족하면 집주인을 위해 다른 농장의 곡식을 훔쳐오는 경우가 많았다고 한다. 만일 도둑맞은 농장에 다른 니세가 사는 경우엔 니세들끼리의 충돌도 피할 수 없었다.

덴마크에서는 집주인을 위해 곡식을 훔치던 두 니세의 이야기가 전해 오고 있다. 가뭄에 시달리던 한 마을에서 니세가 집주인을 위해 이웃 집의 곡식을 도둑질하기 시작했다. 그런데 아무리 훔쳐다 놓아도 곳간 안의 곡식은 조금도 불어나지 않았다.

어느 날 곡식을 훔쳐오던 니세는 골목에서 이웃집 니세와 마주쳤다. 알고 보니 두 집의 니세들이 서로 상대방의 곡식을 훔치고 있었다. 화 가 난 두 니세는 격렬하게 맞붙어 싸우기 시작했다. 치열한 육박전 끝 에 승자와 패자가 가려졌다.

승리한 니세는 의기양양하게 두 개의 곡식더미를 가져갔고, 패배한 니 세는 잔뜩 풀이 죽어 집으로 돌아왔다. 그는 헛간에서 잠을 자던 하인 을 깨웠다. 그리고 지금까지 있었던 모든 일과 앞으로 벌어질 일에 관 해서 설명한 뒤 도움을 청했다.

니세는 다음날 자정에 헛간 앞에서 두 개의 불붙은 마차 바퀴가 서로 싸우게 될 터인데, 큰 마차 바퀴는 이웃집 니세가 변신한 것이며, 작은 마차 바퀴는 자신이라고 했다. 니세는 하인에게 쇠스랑을 들고 숨어 있다가 싸움이 시작되면 이웃 니세가 변신한 마차 바퀴의 살을 부숴달 라고 부탁했다. 만약 자신이 이기면 농장은 번창할 것이고, 반대로 지 게 되면 재앙이 찾아 올 것 이라고 경고도 덧붙였다.

다음 날 밤, 하인은 니세가 일러준 대로 쇠스랑을 들고 헛간 부근에 숨 어 곧 있게 될 니세들의 싸움을 기다렸다. 잠시 후 니세의 말대로 불타는 마차 바퀴가 헛간을 향해 돌진해오고 있었다. 헛간 쪽에서도 작은 불꽃이 일더니 이내 마차 바퀴로 변했다. 하인은 마차바퀴의 크기만 보고도 아군과 적군을 쉽게 구분할 수 있었다.

불타는 두 개의 마차바퀴는 서로를 향해 맹렬하게 돌진하더니 강하게 충돌했다. 작은 바퀴는 큰 충격을 받은 듯 튕겨 나가 벽에 부딪혀 쓰러졌고, 큰 바퀴는 쓰러지지는 않았지만, 충격으로 비틀거렸다.

하인은 그 순간을 기다렸다는 듯 뛰쳐나가 사력을 다해 큰 바퀴의 바퀴살을 하나씩 부숴나갔다. 그때 작은 바퀴가 다시 일어나 성난 불길을 일으키더니 힘을 잃은 큰 바퀴를 향해 맹렬하게 돌진했다. 강타를 당한 큰 바퀴는 포물선을 그리며 공중으로 뛰어 오르더니 별 빛 사이로 아득히 사라져 갔다. 승리한 작은 바퀴는 다시 니세로 돌아왔다. 그는 하인을 향해 잠시 미소를 짓더니 헛간 안으로 뛰어 들어가 모습을 감췄다.

니세는 그 뒤로 두 번 다시 모습을 나타내지 않았다. 그 후 니세의 말대로 아무리 흉년이 들어도 그 농장의 헛간만은 곡식으로 가득했다. 반면 이웃집은 가세가 점점 기울어져 갔다.

› **14** 닉스|Nix

닉시는 금발의 곱슬머리를 가진 아름다운 소녀의 모습을 하고 있다. 화창한 여름날 물가에 앉아 머리를 빗으며 노래하는 모습이 종종 사람에게 목격된다. 그녀의 목소리는 매우 아름다워 사이렌과 비교될 정도다. 그 목소리와 아름다움에 취한 사람은 예외 없이 물에 끌려가 목숨을 잃고 만다.

독일의 '닉스'는 물의 요정이다. 여자는 '닉시Nixie'라 부른다. 이빨은 녹색이고, 손가락과 발가락 사이에 물갈퀴가 있다는 점 말고는 인간과 구분하기 어렵다. 인간의 말을 잘하고 머리가 좋다. 평소 녹색 모자를 즐겨 쓰고 다닌다. 그들은 호수나 강의 밑바닥에 자신들만의 왕국을 세우고 살아간다.

닉스는 포세이돈Poseidon과 네레이드Nereid, 세이렌Siren과 바다 괴물, 인어와 셀키Selkies와 핀Finn, 일족一族의 혈통을 이어받았다. 마법으로 인간을 물고기로 변신시키거나 마을을 통째로 이동시킬 수도 있다. 하지만 닉스의 뛰어난 마법도 철鐵에는 약하다. 철은 모든 마법을 무용지물로 만들어 버리기 때문이다.

닉스는 젊은 처녀를 납치해서 아내로 삼기도 한다. 자신의 아이가 태어날 때 산파를 끌고 가서 출산을 돕게 한다. 이때 태어난 아이는 몸에 유난히 털이 많다. 인간과의 사이에서 태어난 아이는 딸이든 아들이든 가리지 않고 무조건 먹어버린다. 닉스는 자기들의 생활을 지키기 위해, 또는 장난으로 사람을 물에 빠뜨리거나 공격해서 위험에 빠뜨린다. 닉스는 물에 빠져 죽은 사람들의 영혼을 모은다. 닉스의 집에는 사람들의 영혼을 가둔 단지가 있다.

닉스
Nix

독일에서 전해 내려오는 닉스이야기다. 어느 날 닉스는 평소 친분이 있던 농부를 자신의 물속 궁전으로 초대했다. 농부는 처음 본 보석궁전의 아름다움을 보고 넋을 잃었다. 농부는 궁전을 둘러보면서 감탄사를 연발했다. 기분이 좋아진 닉스는 비밀의 방으로 농부를 안내했다. 그리고 영혼들을 가둬놓은 항아리를 보여주었다. 그날 밤, 집으로 돌아온 농부는 항아리 속에 있는 영혼들 생각으로 밤새 잠을 이루지 못했다.

다음 날, 농부는 닉스의 궁전으로 몰래 들어가 영혼을 가둬 둔 항아리의 뚜껑을 열었다. 그 순간 수많은 영혼이 항아리에서 빠져나왔다.

물속에 닉스의 궁전이 있다는 전승은 스위스에서도 찾아볼 수 있다. 독일에서 닉스가 남자 요정, 닉시를 여자 요정으로 구분하는데, 스위스에서 닉스는 성의 구분이 없다. 스위스 사람들은 루체른Luceme 부근 산꼭대기에 있는 추크 호Lake of Zug에 한때 닉스들의 왕국이 있었다고 믿었다. 호수의 수면 아래엔 깊이 자리 잡은 유리 궁전이 있었고 엘프 왕Elf King이 그 왕국을 다스렸다고 한다.

밤이 되면 엘프 왕의 딸들이 호수 근처 마을로 내려와 청년들과 어울리곤 했다. 전해지는 이야기에 따르면 한 닉스가 마을 청년과 깊은 사랑에 빠졌다.

닉스는 밤이면 연인을 만나 사랑을 나누고 새벽이 되면 아쉬움을 뒤로한 체 호수 속 궁전으로 돌아가야만 했다. 모든 물의 요정이 그렇듯 닉스도 땅에서 무한정 머물거나 영원히 살 수 없었기 때문이다.

닉스는 인간 연인을 설득하여 물 속 자기 집으로 데려갔다. 그녀는 마

닉스

분포지역: **독일**
거주지: **호수나 강의 밑바닥**
성별: **남, 여**
수명: **200년 이상**
신장: **1m70cm**
성격: **열정적이다**
별명: **녹색모자 요정**
특기: **마법**

닉스
Nix

법을 이용하여 연인이 물속에서 생활할 수 있도록 해주었다. 하지만
연인이 고향땅과 가족, 친구들을 그리워하는 마음만은 요정의 마법으
로도 바꿀 수 없었다. 시간이 지날수록 향수병은 깊어져 갔고 그의 몸
도 차츰 수척해져 갔다. 고민하던 닉스는 매일 땅거미가 지고 밤이 찾
아오면 연인이 살던 마을에 마법을 걸어 호수 밑으로 가져왔다. 새벽
이 되면 마법이 풀려 마을은 다시 원래대로 돌아갔다고 전해진다.

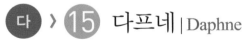

다 › 15 다프네 | Daphne

그리스의 요정 '다프네'는 데살리아의 강의 신 '페네이오스Peneios'의
딸이다. 그녀는 누구든 한 번만 보면 사랑을 느낄 만큼 귀엽고 아름다
웠다. 그러나 달의 여신 아르테미스Arthemis를 따르면서 연애나 사랑,
결혼에 관심을 두지 않게 되었다.

어느 날 태양의 신 '아폴론Apollon'은 사랑의 신인 에로스Eros를 조롱했
다. 자신의 강궁强弓과 솜씨를 자랑하면서 에로스의 약한 활과 연약해
보이는 몸을 비웃었다. 조롱을 당한 에로스는 분을 참지 못하고 아폴
론에게 복수할 기회를 노렸다. 그는 파르나소스Parnassos 산정에 올라가
서 황금의 화살과 납으로 된 두 개의 화살을 쏘았다.

황금의 화살은 아폴론의 심장을 관통해서 다프네를 뜨겁게 사랑하게
하였고, 납으로 된 화살은 다프네의 심장을 관통해서 아폴론의 사랑을
거부하게 하였다. 그렇게 해서 아폴론은 다프네를 찾아가 사랑을 고백
했고, 다프네는 그의 뜨거운 사랑을 냉정하게 뿌리쳤다. 그럴수록 다
프네에 대한 아폴론의 사랑은 더욱 불타올랐고, 그럴수록 다프네는 아
폴론에게서 더 멀리 도망쳤다. 그러다가 막다른 길목으로 쫓겨 다급해
진 그녀는 아버지인 강의 신 페네이오스Peneios에게 도움을 요청했다.

아폴론이 막 그녀를 붙잡으려는 순간 다프네는 월계수나무로 변하기

다프네

분포지역: **그리스**
거주지: **강**
성별: **여**
수명: **20년**
신장: **1m 60cm**
성격: **청순 발랄하다**
별명: **월계수 나무 요정**
특기: **사냥**

시작했다. 그녀의 팔다리는 굳어지고 가슴은 나무껍질로 덮였다. 탐스
럽던 머리카락은 나뭇잎으로 변했고, 팔은 가지가 됐으며 그녀의 다리
는 뿌리로 바뀌어 땅속 깊이 파고들었다. 순식간에 월계수나무로 바뀐
다프네의 모습에 절망한 아폴론은 나무를 끌어안고 뜨거운 눈물을 흘
렸다.

아폴론은 다프네를 기리기 위해 월계수를 자신을 상징하는 나무로 삼
았다. 그때부터 월계수 나무는 위대한 영웅과 왕들을 위한 화관으로
쓰이기 시작했다.

다프네에 관해서는 또 다른 이야기가 전해져 온다. 엘리스Elis지방 피
사Pisa의 왕 오이노마오스Oenomaus의 아들 레우키포스Leukippos는 다프네
에게 연정을 품었다. 그러나 다프네의 반응은 냉담했다.

다프네를 향한 사랑을 포기할 수 없었던 레우키포스는 소녀로 변장하
고 그녀에게 접근했다. 그는 다프네의 아버지인 강의 신 페네이오스에
게 경의를 표하면서, 자기는 오이노라는 소녀인데 다프네의 사냥에 따
라가게 해달라고 간청했다. 다프네는 이 부탁을 받아들였지만, 그것을
질투한 아폴론이 다프네와 친구들에게 목욕할 마음을 일으키게 했다.
오이노로 변장을 한 레우키포스는 목욕을 거절할 수밖에 없었다. 이에
장난기가 발동한 다프네와 친구들은 그를 발가벗겼다. 레우키포스가
남자라는 사실을 알게 된 여자들은 분노하여 그를 죽이고 말았다.

› 16 덴구 | Tengu

일본의 '덴구' 는 악마의 세계를 지배하는 정령이다. 얼굴은 붉고 코가 길쭉하면서도 매우 높다. 종류에 따라서는 코 대신 새처럼 부리를 갖고 있기도 하다. 덴구는 등에 날개가 달려서 하늘을 자유롭게 날 수 있다.

승복 차림에 높은 게다를 신고, 허리에 큰 칼을 차고 손에는 항상 부채를 들고 다닌다. 깊은 산 으슥한 골짜기에 산다. 아주 먼 옛날 벼락이 칠 때 하늘에서 떨어진 개가 도를 닦아서 스님 같은 분위기를 풍기게 되었다. 그러나 높은 법력을 가진 스님 앞에서는 제대로 힘을 쓰지 못한다.

덴구의 종류로는 가라스 덴구, 다이 덴구, 아쿠 덴구, 온나 덴구가 있다. 가라스 덴구는 코 대신 새의 부리를 가지고 있으며, 등에 날개가 달려있어서 자유롭게 하늘을 날 수 있다. 스님 복장에 굽이 높은 게다를 신고 다닌다. 사람을 홀리거나 도를 닦는 스님을 타락시킨다.

다이 덴구는 스님 복장에 높은 게다를 신고, 깃털 부채를 손에 쥐고 등에 날개가 돋아있다.

붉은 코가 유난히 길고 높다.

고승 중에서 거만했던 승려가 죽어서 다이 덴구가 된다. 그들은 신통

덴구

분포지역: **일본**
거주자: **깊은 산의 골짜기**
성별: **남, 여**
수명: **100년 이상**
신장: **1m 80cm**
성격: **사악하다**
별명: **요괴 승려**
특기: **신통력**

력이 뛰어나 천재지변이나 전쟁도 일으키기도 한다. 대부분 사악하지만, 일본의 여러 절에서 숭배되고 있다.

스님 중에서 깨달음을 얻지 못하고 죽으면 아쿠 덴구가 된다. 그들은 다른 스님의 공부를 방해하고 타락하게 하여서 자신처럼 덴구로 만들려고 한다. 불심이 깊은 신자들에겐 두려움의 대상이다.

교만한 비구니가 죽어서 지옥에 떨어지면 온나 덴구가 된다. 그들은 사람을 공격해서 덴구로 만들기 때문에 두려움의 대상이었다. 사람으로 둔갑했을 때도 자유롭게 하늘을 날 수 있다.

⟩ ⑰ 도모보이 | Domovoi

드보로보이: 도모보이
가 야생적이 되어 정원
의 뜰에 살게 되면, 이들을 드
보로보이라고 부른다. 이들이
사람과 부딪칠 일은 별로 없지
만, 기분이 나쁠 때는 흥분하
여 미친 듯이 날뛰며 폭주한
다. 이때 하얀 동물의 모피를
던지면 괜찮아진다. 드물게 사
람과 사랑에 빠지기도 한다.

슬라브 사람들은 하늘
에서 떨어진 천사들이
요정으로 변한다고 믿었다. 산
이나 숲으로 떨어진 요정들은
악령, 집 가까이 떨어진 요정
들은 수호 정령이 된다.

러시아의 '도모보이'는 가정집 벽난로 주변에 살면서 가정집을 지켜
주는 수호 요정이다. 온몸이 비단처럼 하얀 털로 뒤덮였다. 이들은 충
성심이 대단히 강했고, 말을 돌보거나 농사일을 돕는 등 집안일을 도
맡았다. 주로 한밤중에 사람들의 눈에 띄지 않게 활동했다.

집주인들은 밤에 도모보이의 목소리를 들을 수 있었는데, 부드럽게 속
삭이면 집안이 평화롭고, 흐느끼면 불길한 일이 일어났다.

자기가 사는 집에 불이 나면 가족들을 깨웠고, 전염병이 돌 기미가 보
이면 앓는 소리를 냈으며, 죽음을 경고하기 위해 서럽게 울었다. 사람
들은 집안을 지켜주는 도모보이에게 존경의 마음을 담아 '할아버지'
라고 불렀다. 하지만 집주인이 밤에 도모보이의 식사를 챙겨두지 않거
나 모욕하는 행동을 하면, 접시나 그릇을 깨뜨리고 조리도구를 부수는
등 부엌을 엉망으로 만들어 놓았다. 심한 경우 집을 버리고 떠나버렸
다.

도모보이는 인간에게 모습을 보이는 것을 무척 싫어했다. 실수든 고의
든 도모보이의 모습을 보았다면 서둘러서 짐을 싸 이사해야 한다. 그
렇지 않으면 불행한 일을 당한다.

도모보이의 아내는 '도마니아' 혹은 '도모비하'라고 불린다. 도모비하
역시 절대 사람 앞에 나타나거나 흔적을 남기지 않는다.

도모보이
Domovoi

도모보이

분포지역: **러시아**
거주지: **가정집 벽난로주변**
성별: **남**
수명: **100년**
신장: **1m 20cm**
성격: **주의 깊다**
별명: **할아버지**
특기: **예언의 능력**

› ⑱ 도깨비 | Dokkaebi

한국의 도깨비는 동굴이나 오래된 우물, 절간이나 흉가 등에서 무리를
지어 산다. 도깨비의 종류는 매우 다양하다. 생김새에 따라 등불 도깨
비, 멍석 도깨비, 강아지 도깨비, 장수 도깨비, 달걀 도깨비, 보자기도
깨비, 차일 도깨비, 바가지 도깨비, 조리 도깨비 등이 있다. 그 외 독각
귀獨脚鬼라는 도깨비도 있다. 이 도깨비는 글자그대로 다리가 하나밖에
없다.

전승되고 있는 도깨비이야기에 따르면 주로 사람들이 쓰다가 버린 헌
빗자루. 짚신. 부지깽이. 삽 같은 물건에 영혼이 깃들어 도깨비가 된다
고 한다. 도깨비들의 몸은 주로 푸른색이나 흰색 또는 누런색을 띠고
있다.

도깨비의 생김새에 대해서는 논란이 있지만, 고대의 기와(귀면와鬼面瓦)와
장승 등에서 그 모습을 엿볼 수 있다. 툭 불거져 나온 왕방울 같은 눈,
머리에는 2개의 뿔이 나 있고, 크게 벌린 입에는 날카로운 이빨이 촘
촘하게 나 있다. 성격은 심술궂고 활달하다.

짓궂은 장난이 취미지만 꾀가 없고 미련해서 오히려 인간에게 속는 경
우도 많다. 도깨비는 비가 부슬부슬 내리거나 안개 낀 밤에 활동하다
가 새벽닭이 울면 사라진다. 도깨비가 출현할 때면 느닷없이 천둥 · 번

도깨비
Dokkaebi

도깨비

분포지역: **한국**
거주지: **동굴, 우물, 절간, 흉가**
성별: **남**
수명: **100년 이상**
신장: **2m**
성격: **심술 맞다**
별명: **천하장사**
특기: **씨름**

73

개가 치기도 한다. 대개 산길이나 들길에서 인간과 마주치기도 한다.

도깨비는 어린이, 거인, 노인, 총각, 등 다양한 인간의 모습으로 나타
나기도 하는데 그 모습은 대부분 남성이다.

도깨비는 도토리묵이나 술, 예쁜 여자를 좋아하고 노래와 춤을 즐긴
다. 특히 길 가는 나그네를 붙잡고 씨름하는 것을 유난히 좋아하는데
시합에서 인간에게 절대로 지는 법이 없다. 그들이 가지고 있는 도깨
비 방망이와 감투는 신비한 능력을 갖추고 있다. 도깨비 방망이로 무
엇이든지 원하는 것을 만들 수 있고, 감투를 쓰면 모습을 감출 수 있
다.

도깨비는 하룻저녁에 왕복 140리(55㎞)를 간다고 한다. 그들은 말의 머
리와 피, 팥죽 등을 싫어한다. 도깨비는 인간에게 큰 해를 주지는 않지
만, 은혜는 은혜로 원수는 원수로 갚는다.

﹥ 19 듈라한 | Dullahan

영국과 아일랜드의 '듈라한'은 불길한 요정이다. 목 위에 머리가 없고, 머리를 옆구리에 끼고 다닌다. 기사 복장을 하고 있다. 코우치-어-바우어Coach-a-bower라는 목이 없는 두 마리의 말이 끄는 검은 마차를 타고 다닌다.

마을에 누군가가 죽음을 앞두면 미리 알고 그 사람 집 앞에 나타난다. 듈라한이 나타나면 마을 사람들은 모두 집 안으로 들어가 문을 걸어 잠그고 가슴을 졸이며 듈라한이 자신의 집을 그냥 지나치기를 기도한다.

듈라한이 방문한 집은 언제나 가족 중 한 명이 죽는다. 듈라한은 자기가 목적한 집 앞에 도착하면 그 집 사람 중 한 명이 문을 열기를 기다렸다가 양동이에 한 가득 피를 뿌린다. 드물게 반시Banshee와 함께 나타나는데 그 때는 유명한 사람이 죽는다. 영국 아서왕의 전설에도 마법에 걸린 목이 없는 기사에 대한 이야기가 전해져 내려오고 있다.

새해 축제 때, 녹색 갑옷으로 무장한 거구의 기사가 아서왕의 궁전으로 쳐들어왔다. 그는 거대한 녹색 도끼를 들고 원탁의 기사들에게 서로의 용기를 시험해보자며 도전장을 냈다. 방법은 두 사람이 순서를 정해 상대방의 목을 자르는 내기였다. 황당한 제안에 원탁의 기사들은

듈라한

분포지역: **영국과 아일랜드**
거주지: **숲 속**
성별: **남**
수명: **200년**
신장: **1m 80cm**
성격: **충동적이다**
별명: **목 없는 기사**
특기: **피 뿌리기**

아무도 그를 상대하지 않았다.

그러자 녹색의 기사는 원탁의 기사들을 향해 겁쟁이들이라 비웃으며 도발했다. 누구보다 명예를 소중히 여기는 가웨인Gawain이 도전에 응했다. 녹색의 기사는 가웨인의 용기에 경의를 표했다. 그는 가웨인에게 도끼를 건네며 순서를 양보했다.

"기회는 한 번뿐이오. 내가 살아나면 그다음엔 당신 차례요."

가웨인은 자신만만한 녹색 기사의 태도를 도저히 이해할 수 없었다. 자신의 손을 빌어 목숨을 끊으려는 의도 외에는 달리 생각할 수 없었다. 하지만 목숨을 건 시합이니만큼 확실하게 상대의 목을 쳐서 머리를 떨어뜨려야 했다.

가웨인은 도끼로 단숨에 녹색 기사의 목을 내려쳤다. 그 순간 녹색 기사의 머리는 그대로 땅에 떨어졌다. 그러자 모두 그가 죽었다고 생각했다. 하지만 그는 죽지 않았다. 몸이 움직이더니 두 손으로 떨어진 머리를 주워들었다. 그 순간, 가웨인은 상대의 덫에 걸렸다는 사실을 깨달았다.

"가웨인 경, 이번에는 내가 당신의 목을 칠 차례요. 하지만 당신에게 1년의 세월을 주겠소. 1년 후 내가 정해준 장소에서 시합을 마무리합시다."

녹색의 기사는 가웨인에게 1년 후 녹색성당에서 만나자며 위치를 알려주고 홀연히 사라졌다. 시간은 흘러 마침내 약속된 날짜가 다가왔다. 가웨인이 녹색 기사와의 약속을 지키기 위해 길을 떠나려하자 동료들이 극구 만류했다. 하지만 그는 동료들의 만류를 뿌리치고 약속장소로 떠났다.

가웨인은 도중에 한 남자를 만나 그의 집에서 사흘 동안 신세를 지기로 했다. 집주인은 날마다 얻는 것을 서로 교환하자며 제안했고, 가웨인도 동의했다.

다음날 남자는 사냥을 나갔다. 집주인이 사냥을 나간 동안 그의 아내는 가웨인을 유혹하려 했다. 그녀는 첫째 날에는 키스를 한 번 했고, 다음 날에는 두 번, 셋째 날에는 세 번 키스했다. 그녀는 가웨인에게 허리에 두르고 있으면 죽음을 막을 수 있는 녹색 벨트도 주었다. 당황한 가웨인은 집주인에게 키스를 돌려주었지만, 녹색 벨트는 자신이 간직했다. 나흘째 되던 날, 가웨인은 녹색 기사가 일러준 장소로 길을 떠났다.

가웨인 녹색 성당에 도착해보니 녹색 기사는 이미 와서 기다리고 있었다. 가웨인은 자신의 운명을 담담히 받아들였다. 녹색 기사는 녹색도끼를 높이 들어 올려 가웨인의 목을 내려쳤다. 그런데 도끼는 가웨인의 목을 살짝 스쳐 작은 상처만 냈을 뿐이었다.

가웨인이 고개를 들어보니 녹색 기사의 머리가 어느새 몸에 다시 붙어 있었다. 어리둥절한 가웨인에게 녹색 기사가 말했다.

"나는 그대의 이모인 모건 르 페이의 기사 베르킬라크다. 그대의 이모는 원탁의 명예를 시험해보려고 했지. 그대는 잘했지만 벨트를 나한테 넘기지 않았기 때문에 우리의 계약을 어겼어."

베르킬라크는 다름 아닌 집주인이었다. 그는 분통을 터뜨렸다. 하지만 가웨인은 원탁의 명예를 지킬 수 있었다. 아일랜드 신화의 얼스터 전설에도 이와 비슷한 이야기가 나온다.

⑳ 드라이어드 | (드리아데스 Dryads)

그리스의 요정 '드라이어드'는 떡갈나무에 사는 떡갈나무 요정이다. 녹색 머리의 아름다운 미녀인데 나이를 먹지 않아 항상 젊다. 그러나 불사신은 아니다. 자기가 사는 떡갈나무가 죽거나 그 나무에서 멀리 떨어지면 죽는다. 즉 나무를 돌보며 그 나무와 운명을 같이 한다. 그리스신화에서 신들의 사랑을 받는 떡갈나무는 신성한 나무이다. 특히 드라이어드가 사는 나무의 잎은 사계절 내내 언제나 싱싱하고 푸르러서 다른 나무와 다르다.

드라이어드는 성격이 온순하고, 사람들에게 친절하다. 특히 젊고 잘 생긴 영웅을 보면 유혹해서 자신의 곁에 두고 싶어 한다. 영웅들과 사랑에 빠지기도 했다. 오르페우스의 아내인 '에우리디케'도 드라이어드이다.

드라이어드는 꿀벌을 마음대로 부릴 수 있는 능력이 있다. 꿀벌들은 드라이어드가 사는 나무에 집을 짓고 살기 때문에 드라이어드의 지배를 받는다.

떡갈나무에 둥지를 틀고 사는 작은 새들이나 다람쥐, 곤충 등도 드라이어드의 지배를 받는다. 드라이어드는 나무를 베려는 나무꾼이나 자기 부탁을 거절하는 사람, 약속을 어긴 사람은 반드시 복수한다.

요정과 인간의 약속은 잘 지켜지지 않는다. 그리고 약속을 어기는 쪽

은 늘 인간이다. 사랑도 마찬가지다. 요정과 인간의 사랑은 대부분 비
극으로 끝나는 경우가 많다.

요정 드라이어드가 사는 떡갈나무를 나무꾼으로부터 지켜준 젊은이가
있었다. 요정은 젊은이에게 보답하기 위해 소원을 한 가지 들어주겠다
고 했다.

젊은이는 그녀의 연인이 되고 싶다고 했다. 드라이어드는 그의 소원대
로 연인이 되어주었다. 두 연인은 숲 속에서 즐겁게 지냈다. 그러던 어
느 날 젊은이는 문득 집 생각이 났다. 그는 부모님을 만나고 오겠다며
길을 떠났다. 그러나 웬일인지 젊은이는 소식이 없었다.

걱정이 된 드라이어드는 꿀벌을 보내 젊은이의 소식을 알아오게 했다.
그때 고향으로 돌아간 젊은이는 드라이어드에게 돌아가겠다고 한 약
속을 잊고 다른 여자와 즐겁게 지내고 있었다.

꿀벌을 통해 그 사실을 알게 된 드라이어드는 화가 머리끝까지 치밀었
다. 그녀는 꿀벌들을 보내 젊은이의 눈을 찌르게 했다. 요정을 배신한
젊은이는 불행히도 두 눈을 잃고 말았다. 인간과 요정의 사랑은 이렇
듯 늘 불행한 결과를 낳았다.

드라이어드/드리아데스

분포지역: 그리스
거주지: 떡갈나무
성별: 여
수명: 200년
신장: 1m 60cm
성격: 온순하다
별명: 떡갈나무 요정
특기: 꿀벌 부리기

⟩ ㉑ 드워프 | Dwarf

북유럽의 요정 '드워프'는 난쟁이 종족이다. 키가 1m밖에 안 되지만 몸은 근육질이다. 머리는 장발에 턱수염은 땅까지 끌릴 만큼 길다. 털은 붉은 색, 또는 갈색이다. 쇠나 보석으로 여러 가지 물건을 만드는 솜씨가 뛰어나다. 직접 만든 물건에 마법을 불어넣고, 신들을 위해 신비한 힘을 가진 물건을 만들어 바친다. 그들은 요정들 세계에서 가장 솜씨가 뛰어난 대장장이, 건축가, 세공사이다.

드워프는 세공 솜씨 못지않게 무술 실력도 뛰어나서 전쟁에서는 뛰어난 전사로 용맹을 떨쳤다. 그들은 매사에 박력이 넘치며 전사다운 기질이 있었다. 성격은 호탕하지만 거칠고 고집이 세며 괴팍한 편이다. 남자들 밖에 없어서 종족을 유지하기 위해서는 점토를 빚어서 자손을 만들어야 했다. 수명은 2백 살 정도이다.

드워프들은 땅에 거대한 굴을 파고 그 속에 지하 도시를 건설해서 산다. 그곳을 스바르트알바헤임Svartalfaheimr(검은 요정의 나라)이라 한다. 영화 『반지의 제왕』에서는 드워프들이 악의 화신 사우론에 맞서 싸운다. 북유럽의 신화나 전설, 민담에 등장하기도 하고 백설 공주와 일곱 난쟁이처럼 동화에도 등장한다. 드워프는 신과 요정들을 위해 수많은 물건을 만들었는데 하나같이 신비하고 놀라운 힘을 가지고 있다. 드워프는 햇빛을 받으면 차가운 돌로 변하기 때문에 지하나 햇빛이 없는 밤에 활동했다.

드워프들 중 가장 솜씨가 뛰어난 이발디Ivaldi의 아들들은 로키의 감언이설에 넘어가서 시프여신의 가발과 스키드볼나르니르, 궁니르를 만들었다. 그들과 버금가는 뛰어난 솜씨를 자랑하던 또 다른 드워프, 브로크Brokk와 신드리Sindri 형제 역시 로키의 부추김을 받고 굴린부르스티, 드라웁니르, 묠니르, 안드바리의 반지를 만들었다.

타르핑은 두린Durin과 드발린Dvalin형제가 스바프를라미Svafrlami(지금의 러시아 땅을 지배했던 왕이자 전사) 왕의 협박을 받고 만들었다. 그러나 이들 형제는 검에 세 번의 끔찍한 비극이 일어나도록 저주를 걸었다. 그 저주의 첫 번째 희생자는 스바프를라미 왕이 되었다.

동유럽에도 드워프처럼 지하 세계에 사는 정령들이 있다. 루마니아에서는 그들을 피티치Pitici(난장이족)라고 부른다. 이들은 너무나 온순하고 정직한데다 깊은 신앙심을 가지고 있어서 '블라지니Blajini라고 불리기도 한다.

블라진Blajin은 행동이나 마음씨가 평화롭고 온순한 상태를 뜻하는 루마니어 단어이다. 그들이 사는 신비한 지하세계에는 '슴버터Săm' 강이 흐른다고 하는데 이 강은 세 번 똬리를 튼 구렁이처럼 이 세상을 세 번 휘돌아 흐른 뒤에 '피티치' 종족들이 사는 곳을 지나고도 한 참을 더 흘러서 지옥의 앞까지 다다른다고 한다.

그들은 루마니아인들과 마찬가지로 기독교신자들이며, 성탄절이나 부활절 같은 기독교의 명절을 빠짐없이 지켰다. 루마니아 북부의 몰도바Moldova나 트란실바니아Transilvania 등 일부지역에서는 토마스Tomas도마

드워프

분포지역: **북유럽**
거주지: **지하세계**
성별: **남**
수명: **200년**
신장: **1m**
성격: **호탕하지만 고집이 세다**
별명: **대장장이**
특기: **보석세공**

성인의 일요일을 '블라지니 종족의 부활절' 이라고 부르며 함께 기념
하기도 했다. 다음은 드워프가 만든 대표적인 것들이다.

물통의 벌꿀 술: 마시면 지혜를 얻어 시인
이나 학자가 될 수 있다.

여신 시프Sif의 가발: 황금으로 만든 가발,
이것을 머리에 쓰면 두피에 뿌리가 내리
고 진짜 머리카락이 자란다.

스키드블라드니르Skidbladnir: 헝겊 조각처
럼 접어서 품에 넣고 다닐 수 있는 배, 펼
치면 신들이 모두 타고 그들의 무기까지
실을 정도로 큰 배가 된다. 땅과 바다 위
를 자유롭게 항해할 수 있다.

궁니르Gungnir: 최고의 신 오딘의 창이
다. 목표물을 향해 던지면 표적을 벗어나
는 일이 없다. 표적을 맞힌 다음에는 다
시 주인의 손으로 돌아온다.

굴린부르스티Gullinbursti: 돼지가죽과 황금 줄로 만든 수돼지, 금색 털로 어둠을 밝힐 수 있다. 사람을 태우고 하늘이나 땅은 물론 바다에서도 달릴 수 있다.

드라웁니르Droupnir: 화려하고 아름다운 황금 팔지, 최고의 신 오딘의 팔찌다. 9일마다 똑같은 팔찌가 여덟 개씩 생겨나는 황금알을 낳는 보물이다.

몰니르Mjollnir: 토르의 쇠망치, 강하고 단단하여 절대 부서지는 일이 없다. 손오공이 다루는 여의봉처럼 크기를 줄이거나 늘릴 수 있다. 부메랑처럼 어디로 던지든지 목표물을 부수고 반드시 던진 사람의 손으로 돌아온다.

안드바리의 반지: 이 반지를 소유한 자는 누구든지 저주를 받아 목숨을 잃게 된다.

티르핑Tyrfing: 쇠나 돌을 무 자르듯 자를 수 있는 무적의 검. 검의 주인은 전투에 나가면 언제나 승리하게 된다. 하지만 한 번 칼을 뽑게 되면 인간의 피로 데워지기 전까지 칼집에 다시 넣을 수 없고, 검의 주인도 결국 목숨을 잃게 하는 악마의 검이다.

검을 만든 두린과 드발린 형제는 이 검으로 인해 세 번의 끔찍한 비극이 일어날 것이라는 예언을 했는데, 예언이 성취된 후 역사 속으로 사라져 행방이 묘연하다.

마법의 망토: 이 망토를 걸치면 다른 사람의 눈에는 망토를 걸친 사람의 모습이 보이지 않는다. 난쟁이 전사와의 싸움에서 승리한 지그프리트는 니벨룽의 보물인 투명망토를 전리품으로 챙겼다.

라 › 22 라미아 | Lamia

라미아와 비슷한 존재로는 에키드나Echidna가 있다. 이 둘은 상반신은 아름다운 여자, 하반신은 큰 뱀이라는 공통점 때문에 종종 동일시되기도 한다. 하지만 이 둘은 기원부터가 다르다. 그리스신화에 따르면 라미아는 몽마夢魔이고 원래 리비아의 여신이었던데 반해서, 에키드나는 흑해 연안에 있는 그리스 식민지의 전설에서 나오는 순수한 여신(괴물)이기 때문이다.

그리스의 요정 '라미아'는 상반신이 아름다운 미녀이고 하반신은 징그러운 뱀이다. 사람들의 피를 빨아먹는 사악한 흡혈요정이다. 자기 눈을 자유자재로 뺏다 낄 수 있다.

그 능력을 이용하여 멀리서 생긴 많은 일을 알아낸다. 아프리카 사막의 오아시스나 동굴, 인적이 드문 숲이나 정글에서 산다.

라미아는 성격이 잔인하고 포악하며 사람의 피를 좋아한다. 사막을 여행하는 나그네를 유혹해서 피를 빨아먹거나, 아름다운 미녀로 모습을 바꾼 뒤 아이들을 유괴해서 잡아먹는다. 어린아이를 양육하는 고대 그리스의 엄마와 유모들은 말 안 듣는 아이에게 '라미아'가 온다면서 겁을 주었다.

라미아는 원래 벨로스Belus와 리비아Libya 사이에서 태어난 딸이다. 벨로스는 바빌로니아의 전설적인 왕으로 사후에 신으로 존숭尊崇되었고, 리비아는 이오의 아들 에파포스Epaphos와 나일 강신의 딸 멤피스Memphis 사이에서 태어난 딸이다. 북부 해안 일대의 리비아라는 지역 이름은 그녀의 이름에서 유래되었다.

라미아는 뛰어나 아름다움 덕분에 신들의 왕 제우스Zeus의 연인이 되었다가 제우스의 부인 헤라Hera여신의 미움을 받았다. 질투심에 불탄 헤라는 라미아의 하반신을 뱀 꼬리로 변형시켜 버렸다. 헤라는 라미아

라미아
_____

분포지역: 그리스
거주지: 사막의 오아시스나 정글
성별: 여
수명: 100년
신장: 2m
성격: 사악하다
별명: 뱀 마녀
특기: 악몽 꾸게 하기

가 아기를 낳을 때마다 삼켜버리도록 만들었다. 자식을 삼켜버리면서 자포자기한 그녀는 실성하여 다른 아이들까지 유괴해서 잡아먹기 시작했다. 헤라클레스Hercules와의 사이에 세 명의 아이를 낳았다는 이야기도 전해진다.

라미아에 대해서는 또 다른 이야기가 전해져 내려오고 있다. 옛날 코린트 근처에 리시우스라는 청년이 살았다. 그는 우연히 한 여인을 만나 열정적인 사랑을 나누었다. 그녀는 매우 아름답고 요염했다. 두 사람은 곧 결혼식을 올렸다.

성대한 결혼 잔치가 한참 무르익어갈 무렵, 신부의 낯빛이 갑자기 창백해졌다. 그녀는 이마에 진땀이 흐르고 숨소리가 거칠어지더니 몸을 사시나무 떨듯 했다. 깜짝 놀란 리시우스가 신부를 부축하자 그녀는 하객 중에서 한 노인을 가리켰다. 그는 당대의 유명한 철학자로 리시우스가 존경하는 스승이었다. 그가 심각한 표정을 지으며 신부를 뚫어지게 쳐다보고 있었다. 마침내 그가 리시우스에게 다가와 말했다.

"자네는 신부의 정체를 알고 있는가? 그녀는 사악한 뱀일세. 자네를 죽이고 말 거야."

갑자기 신부가 큰 소리로 울부짖기 시작했다. 하객들의 시선이 일제히 신부에게 쏟아졌다.

그녀는 고통스러운 듯 온몸을 마구 흔들며 몸부림치고 있었다. 이윽고 그녀가 섰던 자리에 신부는 온데간데없고 초록빛 비늘로 뒤덮인 거대한 뱀이 나타났다. 뱀이 된 신부는 순식간에 사람들 눈앞에서 사라졌다. 사랑하는 연인을 잃은 리시우스는 망연자실하다가 결국 스스로 목

라미아
Lamia

숨을 끊고 말았다. 졸지에 그의 결혼식은 장례식으로 변했고 예복은
수의가 되었다.

〉23 레드 캡 | Red cap

영국의 요정 '레드 캡'은 저주받은 성에 사는 잔인하고 사악한 요정이다. 레드 캡redcap 혹은 파우리powrie, 던터dunter 또는 블러디 캡bloody cap으로도 불렸다. 눈동자가 붉고 입에는 멧돼지의 덧니 같은 긴 이빨이 삐져나와 있다. 손톱은 칼처럼 날카롭고 송곳처럼 뾰족하다. 머리에 항상 붉은 모자를 쓰고 있다.

몸집이 작고 뼈만 앙상한 완고한 노인의 모습이다. 발에는 쇠로 만든 부츠를 신고 있다. 하지만 엄청나게 빠른 속도로 달릴 수 있다. '고블린'과 같은 종류이다.

레드 캡이 사는 성에 들어간 사람은 목숨을 부지하기 어렵다. 방문객은 대부분 길을 재촉하던 나그네들이다. 그들은 날이 저물어 하룻밤을 쉬어가려고 레드 캡의 성에 들어갔다가 성 주인이 휘두른 도끼에 목숨을 잃었다. 레드 캡은 자신의 성에 들어온 침입자에게 호의를 베풀거나 살려서 돌려보내는 경우가 절대 없다.

희생자가 흘린 붉은 피로 자기 모자를 다시 붉게 물들이는 것을 좋아한다. 그리고는 다른 성으로 옮겨간다. 이 요정을 물리치려면 성경을 외우거나 십자가를 보여주거나 십자가 문양이 새겨진 칼자루를 보여주면 된다. 십자가를 보면 비명을 지르며 도망가는데 이때 갈고리 같은 손톱만 남겨둔다.

레드캡

분포지역: **영국**
거주지: **오래된 성**
성별: **남**
수명: **30년**
신장: **1m**
성격: **잔인하다**
별명: **고성의 살인귀**
특기: **기습공격**

› **24** 레쉬 | Leshy

■ 레쉬는 '쮜보츠니크 zuibotschnik'로 불리기도 하는데 러시아어로 '요람'을 뜻한다. 레쉬는 가족도 있다. 레쉬의 부인은 '레샤치하 Lashachikha', 아이들은 '레숀키 Leshonki'라고 부른다.

슬라브 전 지역에 널리 알려진 러시아의 요정 '레쉬'는 울창한 숲에서 사는 숲의 정령이다. 레쉬가 사는 러시아의 침엽수림 지대에는 소나무와 자작나무, 가문비나무와 미루나무가 수천 마일씩 뻗어 있다. 이 숲에는 늑대와 곰, 호랑이와 표범 같은 맹수는 물론 고라니와 노루, 사슴, 다람쥐 같은 초식동물들이 서식한다.

레쉬가 사는 숲의 동물들은 모두 레쉬의 소유이다. 레쉬는 도박을 무척 좋아하는데 자기 소유의 동물들을 걸고 내기를 즐기곤 한다.

레쉬는 사람이 숲에 들어오는 것을 무척 싫어한다. 숲에서 침입자를 보면 그를 홀려 같은 장소를 빙빙 돌게 한다. 숲을 헤매던 사람이 지쳐갈 때쯤 길을 가르쳐 주기도 한다. 레쉬에게 홀린 상태를 벗어나려면 윗옷을 거꾸로 입고 신발의 왼쪽과 오른쪽을 바꿔 신으면 된다.

레쉬는 피가 파랗다. 그래서 뺨도 입술도 새파랗다. 푸석푸석한 머리, 무릎까지 닿는 수염, 진한 눈썹, 눈동자 역시 모두 녹색이다. 새하얀 머리카락이 얼굴을 가리고 있다. 손발은 깡마르고 몸집은 수염으로 가려질 만큼 작다. 보통은 털옷을 입은 노인의 모습이지만 늑대나 부엉이 같은 짐승으로 변신하기도 한다.

숲에서 몸을 자유자재로 늘리거나 줄일 수 있다. 삼나무보다 더 커질 수도 있고 잔디보다 작게도 변신한다. 레쉬는 그림자가 없고 발자국도 남기지 않는다. 그래서 사람의 눈에 띄는 경우는 아주 드물다. 성격은 매우 변덕스럽다.

봄이면 동면에서 깨어나 거칠고 폭력적으로 변한다. 힘이 넘쳐서 마구 날뛴다. 사나운 바람과 소용돌이치는 홍수를 일으켜 레쉬들끼리 서로 싸우며 힘자랑을 한다.

여름철에는 온순해진다. 악동처럼 짓궂은 장난을 즐기기도 하지만 인간에게 친절을 베풀기도 한다. 나뭇잎이 물들고 떨어지는 가을이면 레쉬는 다시 난폭한 성격으로 바뀐다. 신경이 날카로워져서 매사에 짜증을 내고, 인간이나 동물들에게 싸움을 걸거나 괴롭힌다. 숲 속에 잘 못 들어선 여자들을 겁탈하거나 나그네에게 간지럼을 태워 죽음에 이르도록 만든다. 이 시기에는 동물들도 레쉬를 피해 몸을 숨긴다. 겨울에는 땅속으로 들어가 동면을 취한다.

사냥꾼이나 목동들은 숲의 지배자이며 동물들의 주인인 레쉬의 비위를 맞추기 위해 재물을 바쳤다. 목동들은 소를 잡아서 바쳤고, 사냥꾼은 빵과 소금을 바쳤다. 빵은 생명을 의미했고, 소금은 부패를 막기 때문에 영원을 의미했다.

레쉬

분포지역: **러시아를 비롯한 슬라브 전 지역**
거주지: **침엽수림지대**
성별: **남**
수명: **1년**
신장: **1m**
성격: **변화무쌍하다**
별명: **숲의 지배자**
특기: **바람과 홍수 일으키기**

레프러콘
Leprechaun

25 레프러콘 | Leprechaun

아일랜드의 요정 '레프러콘'은 요정들의 구두를 만들거나 고치는 일을 한다. 얼굴은 주름투성이의 노인이고, 키는 약 60cm로 아주 작다. 수명은 200년이며 주로 나뭇잎을 먹고 산다. 항상 빨간 모자를 쓰고 다닌다. 윗옷에는 단추가 일곱 개씩 두 줄로 달려 있고, 가죽 앞치마를 두르고 있다. 일할 때 신발을 한 짝만 만드는 버릇이 있다. 남과 어울리지 못하는 외톨이지만 요정 중에 가장 성실하다. 항상 열심히 일하기 때문에 황금을 많이 모아 큰 부자가 되었다. 하지만 황금 때문에 사람들의 공격을 자주 받는다.

자신의 황금을 훔치거나 빼앗으려는 도둑을 싫어한다. 농담을 잘해서 요정들 사이에선 훌륭한 익살꾼으로 통하기도 한다. 특기는 구두 만들기. 취미는 누군가를 놀리거나 장난치기, 장난꾸러기라는 별명을 가지고 있지만, 인간을 괴롭히거나 해를 끼친 사례는 찾아보기 어렵다. 무지개 주변에서 살면서 무지개를 타고 다닌다.

무지개 주위에 황금 항아리를 숨겨놓는 버릇이 있다. 인간이 레프러콘의 보물을 손에 넣으려면 무조건 협박해서 황금 묻힌 장소를 알아내야 한다. 하지만 그렇게 해서 보물을 손에 넣었다는 사람은 아무도 없다.

아일랜드의 옛 민담에 황금을 도둑맞은 난쟁이 이야기가 전해진다. 시

레프러콘은 '신발 한 짝을 만드는 자'라는 뜻이다.

골 마을에 사는 한 농부가 밭일을 할 때 갑자기 소나기가 쏟아졌다. 농부는 고목 아래로 비를 피했다. 지나가는 소나기였는지 비는 곧 그쳤다.

하늘이 맑아지면서 언덕위로 무지개가 펼쳐졌다. 그런데 무지개의 모양이 평소와는 매우 달랐다. 농부는 평소와 다른 점을 발견하려는 듯 무지개를 유심히 관찰하기 시작했다.

그는 곧 그 이유를 알아냈다. 놀랍게도 무지개의 한쪽 끝이 자신의 집에 닿아있었다. 이상하게 생각한 농부는 급히 집으로 발걸음을 재촉했다.

농부가 도착해보니 자신의 집 앞마당에 웬 난쟁이가 땅을 파고 있었다. 농부는 몸을 숨긴 채 난쟁이의 행동을 지켜봤다. 잠시 후 구덩이를 깊게 판 난쟁이는 그 속에 항아리 세 개를 조심스럽게 넣고 그 위에 다시 흙을 덮었다. 그리고는 발로 땅을 다독여 구덩이를 판 흔적을 감쪽같이 없앴다.

일을 마친 난쟁이는 손을 툭툭 털고 삽을 챙긴 후 무지개 위로 뛰어올랐다. 난쟁이가 무지개의 중간지점을 넘어갈 무렵 농부의 집에 닿아있던 무지개는 서서히 사라져 가기 시작했다.

어느덧 무지개는 농부의 시야에서 완전히 사라졌다. 그제야 농부는 난쟁이가 레프러콘이라는 사실을 깨달았다.

농부는 서둘러서 레프러콘이 묻어놓은 구덩이를 다시 팠다. 그 속에 있는 항아리를 모두 꺼낸 후 뚜껑을 열어보니 항아리마다 황금이 가득 차있었다.

농부는 황금으로 넓은 대지를 사들여서 그곳에 웅장한 성을 쌓아올렸

레프러콘

분포지역: **아일랜드**
거주지: **무지개 주변**
성별: **남**
수명: **200년**
신장: **60cm**
성격: **성실하다**
별명: **구두수선공**
특기: **신발 만들기**

다. 그의 영지에 소작인들이 들어와 살면서 큰 마을을 형성했고, 재산을 관리하는 관리들과 수많은 하인까지 거느리게 되었다. 농부가 죽고 그의 후손이 영지를 물려받았을 때 재산은 더욱 불어났다.

그러던 어느 날, 비가 온 뒤 맑아진 하늘에 무지개가 떴다. 무지개의 한쪽 끝은 영주의 침실로 닿아있었고, 하인들은 무지개를 타고 누군가 내려오는 것을 목격했다.

하인들은 서둘러 영주의 방으로 달려갔다. 한편 영주는 느닷없이 들이닥친 난쟁이에게 영문도 모른 채 멱살을 잡혔다.

난쟁이는 영주에게 도둑놈이라고 욕설을 퍼붓더니 황금을 내놓으라며 고함을 질러댔다. 졸지에 멱살을 잡히고 욕까지 먹은 영주는 난쟁이를 바닥에 패대기쳤다. 마침 하인들이 달려오자 영주는 난쟁이를 감옥에 가두라고 명령했다.

다음 날, 하인들이 영주의 침실을 찾았을 때 영주는 신발 한 짝을 손에 쥔 채 공포에 사로잡힌 얼굴로 침대 위에서 죽어있었다. 놀란 하인들이 급히 감옥으로 가보니 난쟁이 역시 머리카락이 백발로 변한 채 공포에 사로잡힌 얼굴로 죽어있었다.

그들의 기묘한 죽음을 두고 온갖 억측이 난무했지만, 영주의 가족과 친지들의 관심은 오로지 유산의 향배였다. 남겨진 유산을 차지하기 위해 가족들 간에 피바람이 불었다. 결과는 처참했다. 영주의 가족들은 서로 죽이고 죽는 와중에 한 명도 살아남지 못하고 대가 끊겼다. 농부의 가문은 몰락했고 성은 머지않아 폐허로 변했다. 사람들은 농부가 레프러콘의 황금을 훔친 죄로 후손들이 저주를 받았다고 생각했다.

〉26 로빈 굿펠로우 | Robin Goodfellow

영국의 장난꾸러기 요정 '로빈 굿펠로우'는 사람의 모습과 다름없지만, 머리에 뿔이 있고 발은 커다란 염소의 발굽처럼 생겼다. 농촌에서는 '퍽Puck'이라고 부르기도 한다. 그는 요정들의 어릿광대이자 못된 장난꾸러기이다. 시골집 식량 창고에 살면서 사람에게 못된 장난을 치지만 큰 해를 끼치지는 않는다. 나그네를 늪으로 유인해서 골탕을 먹이고, 게으른 하녀를 꼬집거나 수다쟁이가 앉아있는 의자를 빼내 엉덩방아를 찧도록 만든다. 하지만 드물게는 밤중에 몰래 집안일을 돕기도 한다.

변신 능력과 피리 부는 솜씨가 뛰어나다. 이 요정의 아름다운 피리 소리를 듣는 사람은, 마치 서커스단의 곰이 북소리에 맞춰 춤을 추듯이 춤을 췄다.

로빈 굿펠로우는 인간들 사이에 혼란을 일으키기를 좋아했고 인간들이 저지르는 갖가지 어리석은 행동을 보며 즐거워했다.

로빈 굿펠로우는 원래 요정의 왕 '오베론'과 인간인 어머니는 사이에서 태어났다. 6살 때까지는 어머니 집에서 인간으로 살았다. 어려서부터 워낙 장난치기를 좋아해서 자주 소동을 일으키고 시비에 휘말렸다. 그런 아들 때문에 늘 속을 끓이던 어머니는 견디다 못해 결국 로빈을 남겨두고 집을 나갔다.

로빈 굿펠로우를 집에서 쫓으려면 녹색 외투를 선물하거나 별명을 지어주거나 세례를 주면 된다.

로빈 굿펠로우

분포지역: **영국**
거주지: **요정의 나라**
성별: **남**
수명: **100년**
신장: **1m 60cm**
성격: **심술 맞다**
별명: **어릿광대**
특기: **피리 연주**

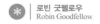
로빈 굿펠로우
Robin Goodfellow

그가 혼자 남겨지자 아버지인 오베론이 찾아와 로빈을 요정의 나라로
데려갔다. 그곳에서 로빈은 인간의 껍질을 벗고 요정 로빈 굿펠로우로
다시 태어났다.

〉 **27** 루살카 | Rusalka

러시아의 물의 요정 '루살카'는 강이나 샘에서 산다. 하지만 봄이 되면 강이나 샘에서 나와 숲이나 들판에서 여름까지 머무른다. 젊은 처녀의 모습이며 피부가 창백해서 병적인 느낌이 든다. 그러나 머리가 길고 매우 아름답다.

강이나 호숫가에서 춤추고 노래하며 지나가는 남자들을 유혹한다. 루살카의 요염한 미소에 넘어가지 않는 남자는 없었다고 한다. 심지어 금욕적인 생활을 하는 수도승도 예외는 아니었다.

루살카는 남자들을 강으로 끌고 들어가서는 온몸을 콕콕 쑤시면서 죽을 때까지 괴롭힌다. 그러나 수수께끼 내기를 좋아해서 자기가 낸 수수께끼를 알아맞히면 풀어준다. 또 어부의 그물을 찢거나 비를 부르고 물레방아나 둑을 망가뜨리기도 한다. 주로 여름에 활동하며 육지로 올라와 물가, 숲 등지에서 춤을 추고 나무 위로 올라가 논다.

루살카들이 춤을 춘 곳에서는 풀과 나무가 유난히 잘 자란다. 슬라브 민속에서는 연인에게서 배신당해 자살한 여인이나 혼전 임신을 한 여자들이 죽으면 루살카가 된다고 믿었다. 루살카에 대한 신앙은 주로 동슬라브지역에 널리 퍼져있었다.

루살카는 슬라브 신화에서 남자를 유혹하여 물에 빠뜨려 죽이는 위험한 요정으로 악명이 높다. 하지만 체코에서는 악한 요정이 아니라 아름답고 선한 요정이다. 사람을 진정으로 사랑해서 오히려 사람에게 버림을 받는 존재로 알려졌다.

어느 달 밝은 밤에 한 왕자가 호수에서 물놀이를 즐기고 있었다. 물의 요정 루살카는 그 왕자를 보고 마음을 빼앗겼다. 루살카는 사람이 아닌 정령으로 사람의 눈에 보이지도 않고 말을 건넬 수도 없었다. 그녀는 아버지인 보드닉(Vodnik/보디아노이)에게 사람이 되어 왕자를 만나고 싶다고 부탁했다. 그러나 그녀의 아버지는 루살카에게 사람이 될 생각은 하지도 말라며 나무랐다. 하지만 왕자에 대한 그리움으로 애를 태우는 딸을 보자 보드닉도 마음을 돌려 마녀인 예지바바Jezibaba를 소개해 주었다.

예지바바는 정령을 사람으로 변화시키는 능력을 지니고 있었다. 예지바바는 루살카에게 사람이 되면 결국 사람에게 배신당할 것이며, 모습은 사람으로 변해도 사람의 말을 할 순 없다고 경고했다.
그러나 루살카는 왕자를 만나고 싶은 욕심에 그녀의 경고를 무시하고 예지바바가 주는 마법의 물약을 마셨다.
사람이 된 루살카는 무척 아름다웠다. 그녀를 본 왕자는 단번에 루살카를 사랑하게 되었다. 왕자는 루살카에게 청혼했다. 그녀는 사랑을 배신하지 않는다는 조건으로 왕자의 청혼을 받아들였다.
그러나 왕자는 루살카와의 약속을 어기고 말았다. 결혼식 하객으로 외국에서 온 아름다운 공주의 유혹에 넘어가 루살카를 버린 것이다.
왕자의 배신에 충격을 받은 루살카는 깊은 슬픔에 빠져들었다. 그 사

실을 알게 된 루살카의 아버지 보드닉은 그녀를 다시 호수로 데려갔
다. 하지만 사랑하는 사람에게 배신당한 루살카는 물의 요정으로 돌아
갈 수 없었다. 그녀는 이제 블루디츠카Bludickafk라는 사악한 정령으로
살아가야만 했다.

루살카는 다시 마녀 예지바바를 찾아가 물의 요정으로 돌아갈 방법을
물었다. 마녀는 단도를 건네주며 왕자를 죽이라고 했다. 사랑을 배신
한 왕자의 피만이 그녀를 다시 요정으로 되돌릴 수 있는 유일한 방법
이었기 때문이다.

하지만 루살카는 자신을 배신한 왕자를 아직도 사랑하고 있었기 때문
에 그를 죽일 수 없었다. 루살카는 사랑하는 사람을 지켜주기 위해 자
신의 희생을 선택했고, 결국 블루디츠카로 변해버렸다. 한편 루살카를
배신했던 왕자는 새로 연인이 된 외국 공주로부터 버림을 받았다. 공
주가 변심해서 자신의 나라로 돌아 가버린 것이다.

왕자는 그제야 루살카를 배신한 자신의 잘못을 깨닫고 깊이 뉘우쳤다.
그러나 루살카는 이미 그의 곁을 떠난 뒤였다. 왕자의 가슴엔 루살카
에 대한 그리움이 가득 쌓여갔다.

왕자는 루살카를 찾아가서 진심으로 용서를 빌었다. 그러나 뒤늦은 후
회나 용서는 이제 아무런 소용이 없었다. 루살카는 이미 블루디츠카라
는 위험한 존재로 변해 다시는 인간이나 요정으로도 돌아올 수 없었기
때문이다.

루살카는 왕자에게 자신과 함께 있으면 위험하니 떠나라고 경고했다.
그러나 왕자는 차라리 그녀의 품에서 죽는 게 행복하다며 루살카를 안

✱ 루살카
Rusalka

루살카

분포지역: **러시아와 체코**
거주지: **강이나 샘**
성별: **여**
수명: **100년**
신장: **1m 70cm**
성격: **순수하다**
별명: **비련의 요정**
특기: **춤과 노래**

고 입을 맞췄다. 결국, 그는 루살카의 품에 안겨 죽음을 맞이했다. 사악한 정령이라는 본성 때문에 연인을 잃은 루살카는 영원히 슬픔에 잠기고 말았다.

루마니에도 루살카와 비슷한 루살리이Rusalii라는 정령이 있다. 자살이나 결혼 전에 사고로 죽은 여자, 혼전 임신을 했다가 죽은 여자들이 하늘로 승천하지 못하고 창공을 맴돌다가 '루살리이'가 된다고 한다.

이들은 여름밤에 숲 속에서 둥그런 원을 그리고 둘러서서 서로 춤 솜씨를 자랑한다. 루살리이들이 춤을 추고 지나간 자리에는 풀들이 마치 불에 탄 듯 말라죽는다. 그러나 시간이 지나면 그 자리에 화려한 꽃들이 피어나는데 소나 양들은 그 풀을 절대로 먹지 않는다고 한다. 만약 사람이 실수로 루살리이들이 춤추던 자리를 밟게 되면 심한 중병을 앓게 된다. 이 병을 '루아드 데 루살리Luat de rusalii(루살리에게서 얻어왔다는 뜻)'라고 부른다.

병을 치료하려면 '컬루샤리 Călușari'놀이를 해야 한다. '컬루샤리'는 보통 9~11명 정도로 구성된 단원들이 특별한 민속의상과 복장을 갖추고 주술적 성격의 춤을 추는 제례의식의 일종이다.

러시아의 시인이자 작가인 푸시킨은 루살카 이야기를 문학작품으로 남겼고, 체코의 민족 음악가인 드보르자크A. Dvořak은 '루살카'를 오페라로 각색했다. 이 오페라는 그의 작품 중 가장 뛰어난 작품으로 평가받고 있다.

›28 뤼베잘 | Rubezahl

폴란드의 요정 '뤼베잘'은 체코와 폴란드의 국경지대인 루젠베르크 산에서 산다. 지하 세계 요정 '노움'들의 왕이라는 주장도 있다. 뤼베 잘은 해바라기 같은 얼굴, 칼 같은 코, 왼발은 새, 오른발은 염소, 왼팔은 곤충의 발, 오른팔은 게의 집게의 모습을 하고 있다. 하지만 여러 가지 모습으로 자주 변신하기 때문에 원래 모습을 알기 어렵다.

전승에 따르면 떠돌이 수도승, 약초 캐는 사람, 사냥꾼, 벌목꾼, 숯 굽는 사람, 나무꾼, 길 안내자의 모습 등 항상 다른 모습으로 사람 앞에 나타난다. 그래서 뤼베잘의 모습에 대해 일치하는 기록이 거의 없다. 변신술뿐 아니라 눈이나 비를 부르고 폭풍을 일으키는 힘도 가졌다. 이 힘을 이용하여 자기 영토에 침입하는 사람들을 쫓아낸다. 그러나 예의 바른 사람에게는 특별한 호의를 베풀기도 한다.

어느 여름날 뤼베잘의 영역인 루젠베르크 산에 발을 들여놓은 나무꾼의 경우가 그랬다. 그날따라 날씨는 바람 한 점 없을 만큼 유난히 후덥지근했다. 나무꾼은 숲 속에서 유난히 푸른빛이 도는 신비한 물웅덩이를 발견했다. 마침 갈증을 느낀 나무꾼은 웅덩이의 물을 마시기로 했다. 그는 보이지 않는 숲의 주인 뤼베잘에게 먼저 예의를 갖춘 후 물을 마시고 물병을 채웠다. 그곳을 떠나면서도 감사의 인사를 잊지 않았다.

뤼베잘

분포지역: **체코와 폴란드**
거주지: **루젠베르크 산**
성별: **남**
수명: **150년 이상**
신장: **1m 80cm**
성격: **사려 깊다**
별명: **노움들의 왕**
특기: **변신술, 폭풍우 부르기**

뤼베잘
Rubezahl

시간이 흘러 나무꾼은 다시 갈증을 느꼈다. 나무꾼은 물병의 마개를 뽑아 입으로 가져갔다. 그런데 물은 한 방울도 나오지 않았다. 나무꾼은 물병을 거꾸로 들고 흔들었다.

물병은 묵직했지만, 이상하게도 물은 한 방울도 나오지 않았다. 속이 상한 나무꾼은 물병을 바위에 내던졌다. 물병이 산산조각이 나면서 그 속에 있던 번쩍이는 황금 덩어리가 바닥에 나뒹굴었다. 숲의 주인인 뤼베잘이 예의 바른 나무꾼에게 황금을 선물했던 것이다.

마 › 29 머메이드 | Mermaid

영국의 머메이드는 스
칸디나비아의 '하브르',
아일랜드의 '메로우'와 같은
종류이다. 고대 이집트 사람들
도 바다에 인어와 같은 존재가
산다고 믿고 인어를 숭배했다.
인어 숭배는 그리스, 바빌로니
아, 페르시아, 인도 등 많은 지
역에 퍼져나갔다. 인어를 보았
다는 이야기는 수없이 많다.
과거 배 사람들이 바다 소목의
포유동물인 듀공dugong(홍
해·인도양·서태평양 해안에
서 삶)을 보고 인어로 생각했
을 것으로 여겨진다.
인어 이야기로는 안데르센의
동화 '인어공주'가 유명하다.
디즈니는 안데르센의 인어공
주를 원작으로 애니메이션을
제작하여 전 세계 어린이들에
게 많은 사랑을 받고 있다.

영국의 인어 요정 '머메이드'는 강이나 깊은 바닷속 궁전에서 산다. 윗몸은 사람, 아랫몸은 물고기. 여성 인어는 머메이드, 남성 인어는 '머 맨'이다. 바다에서 죽은 사람을 배에 태워 바다에 매장된 사람의 영혼을 바닷속 궁전으로 데려가는 일을 한다.

머메이드는 파도가 거세게 몰아치는 암초에 자주 나타난다. 그 때마다 폭풍우가 몰려와 바다를 거세게 뒤흔든다. 그래서 뱃사람들은 머메이드를 무서워했다. 그런데 맑은 날 바닷가에 나타나 오른손에 거울, 왼손에 빗을 들고 머리카락을 빗기도 한다. 그 모습을 본 어부들의 말을 듣고 여러 화가가 그림 소재로 삼았다. 처음에는 몹시 추한 모습으로 그렸으나, 나중에는 금발에 녹색 눈을 가진 아름다운 여성 인어로 바뀌었다.

폴란드의 수도 바르샤바는 인어의 도시다. 인어는 도시의 상징물이 되었고, 바르샤바의 시청에는 인어의 조각상이 높이 매달려 있다. 바르샤바의 기원에 관한 신화에 빠짐없이 등장하는 것이 인어이다.

신화에 따르면 마조브쉐 왕국의 왕인 지에모비트Ziemowit가 숲 속에서 사냥하다가 길을 잃었다. 그가 숲을 헤매다가 굶주림에 지쳐갈 무렵 시냇물에서 상체는 사람, 하체는 물고기인 물의 요정이 나타났다. 그

머메이드

분포지역: 영국과 폴란드
거주지: 강이나 바닷속 궁전
성별: 여
수명: 100년
신장: 1m 65cm
성격: 순수하다
별명: 인어공주
특기: 폭풍우 부르기

113

녀는 굶주림에 지친 왕에게 어부 바르스의 오두막집으로 가는 샛길을
알려주었다.

바르스와 그의 아내 바르샤는 지치고 굶주린 왕을 정성을 다해 극진히
대접했다. 지에모비트왕은 그들의 친절과 정성에 감동해서 그 숲을 그
들 어부 가족에게 하사했다.

그 숲의 소유권은 대대로 그들 후손에게 상속되었고, 훗날 바르스와
바르샤의 이름을 따서 '바르쇼바Warszowa라는 마을이 생겨났다. 그
마을이 오늘날 폴란드의 수도인 바르샤바Warszawa가 되었다고 한다.
바르샤바의 기원에 대한 또 다른 신화 역시 인어가 주인공으로 등장
한다.

› ㉚ 메로우 | Merrows

아일랜드의 남자 인어 요정 '메로우'는 바다에 산다. 윗몸은 사람, 아 랫몸은 물고기, 항상 '코흘린 드류'라는 빨간 모자를 쓰고 다닌다. 그 모자는 바다 생활이 가능하게 하는 마법의 모자이다. 마법 모자를 도 둑맞으면 바다로 돌아갈 수 없다.

바닷속에서 메로우들은 그들끼리 무리지어 생활한다. 남자 메로우의 머리카락과 이빨은 녹색이며, 눈과 코는 돼지처럼 붉다. 인어 요정들 중 가장 못생겼다. 여자 메로우는 매우 아름답다. 손가락 사이에 물갈 퀴가 있는 점이 머메이드와 다르다.

남자나 여자 메로우 모두 매우 온순하다. 여자 메로우는 잘생긴 사람 과 사랑하여 결혼도 한다. 사람과 인어 사이에 태어난 아이는 다리에 비늘이 있고 손가락에 작은 물갈퀴가 있다. 메로우들은 가끔 뿔 없는 작은 암소의 모습으로 바닷가를 산책한다. 그런 날은 항상 폭풍우가 몰아친다.

메로우

분포지역: 아일랜드
거주지: 바다
성별: 남, 여
수명: 100년
신장: 1m 70cm
성격: 온순하다
별명: 못난이 인어
특기: 변신술

› ③① 멜루신 | Melusine

프랑스의 샘의 요정 멜루신은 상체는 아름다운 여성, 하체는 뱀이다. 그녀의 어머니는 샘의 요정 '프레시나Pressina'이며 아버지는 알바니 Albany(스코틀랜드의 옛 이름)왕국을 다스리는 '엘리누스Elinus' 왕이다. 그녀는 요정과 인간의 혈통을 반씩 물려받아 반만 요정이 되었다.

그녀의 아버지 엘리누스 왕은 프레시나와 결혼할 때 한 가지 맹세를 했다. 즉 아기를 낳는 모습을 절대 보지 않겠다는 약속이었다.

두 사람은 행복한 결혼생활을 보냈고 시간이 흘러 왕비는 멜루신, 멜리오, 플란티나, 이렇게 세 딸을 낳았다.

하지만 딸들의 탄생은 축복받지 못했다. 엘리누스는 약속을 깨고 아내의 출산장면을 보고 말았다. 요정과의 약속이 깨어지면 영원한 이별이 시작된다.

왕비는 세 딸을 데리고 요정의 섬 아발론으로 돌아가야 했다. 세월이 흘러 딸들은 아름답고 매력적인 처녀로 성장했다. 그녀들의 어머니 프레시나는 딸들에게 슬픈 과거를 들려주었다. 그녀는 잃어버린 사랑 때문에 고통스러워했다. 딸들은 맹세를 깨트려 어머니에게 슬픔을 안겨준 아버지를 원망하며 복수를 다짐했다.

큰 딸인 멜루신은 동생들과 힘을 합쳐 아버지를 노섬브리아의 산에 있는 동굴 속으로 유인했다. 그리고는 밖에서 마법의 그물로 동굴 입구를 봉인했다.

엘리누스는 어두운 동굴 속에 갇혀 평생을 외로움과 슬픔으로 몸부림치며 살아야 했다. 그러나 그것은 어머니가 바라던 일이 아니었다. 그녀는 아직도 남편을 사랑하고 있었다. 어머니는 딸들이 한 일을 알고 나서 슬픔과 분노로 울부짖었다.

흥분한 그녀는 복수를 주도한 큰딸 멜루신에게 저주를 내렸다. 그때부터 매주 토요일이 되면 멜루신의 하체는 징그러운 뱀으로 변했다. 그 모습은 꼬박 24시간 동안 지속하였다.

어머니의 분노는 거기에서 멈추지 않았다. 멜루신은 요정의 섬 아발론에서 쫓겨나 프랑스 서쪽 지역의 숲 속에 있는 갈증의 샘으로 거처를 옮겨야 했다.

멜루신은 새 거처에서 숲 속 요정들과 어울리며 샘을 지켰다. 대부분은 목욕하거나 하체가 뱀으로 변하는 토요일에는 숲으로 들어가 자신의 모습을 숨겼다.

멜루신이 한가롭게 시간을 보내던 어느 날, 그녀가 사는 숲 속에 한 청년이 들어왔다. 포레즈 백작의 아들인 레이먼드였다.

레이먼드는 멜루신의 아름다운 모습을 보자마자 마음을 빼앗겼다. 멜루신 역시 젊고 잘생긴 이 귀족 청년에게 마음을 빼앗겼다.

레이먼드는 그녀에게 청혼했고 멜루신은 그의 구애를 받아들였다. 단, 토요일엔 혼자 있게 해달라는 조건을 걸었다. 신중하고 사려 깊은 레이먼드는 이유를 묻지도 않고 약속을 지키겠다며 맹세했다.

멜루신

분포지역: **프랑스**
거주지: **샘**
성별: **여**
수명: **100년**
신장: **1m 70cm**
성격: **조심스럽다**
별명: **샘의 요정**
특기: **변신하기**

두 사람은 결혼해서 여러 해 동안 행복하게 살았다. 그동안 레이먼드에게 행운이 따랐다. 그는 프와투 근처에 수많은 탑으로 이뤄진 아름답고 웅장한 뤼지냥 성을 지었다. 토요일엔 아내를 혼자 두겠다는 약속도 철저하게 지켜졌다.

두 사람은 모든 게 부족함이 없었지만, 자식만큼은 예외였다. 멜루신은 어머니의 저주 때문인지 계속해서 기형아만 낳았다. 열 명의 아들 중 여덟 명이 기형아였고 정상아는 아홉 번째와 열 번째 둘 뿐이었다. 이 사실이 몸종들 사이에 가십거리가 되더니 급기야 멜루신이 혼자 지내는 토요일마다 부정을 저지른다는 소문이 성안에 돌기 시작했다. 이 소문은 머지않아 성벽을 넘어 나라 전체로 퍼져나갔고, 마침내 레이먼드의 인내력에도 한계가 찾아왔다.

그는 약속을 깨뜨리고 아내가 혼자 지내는 토요일에 그녀의 침실을 엿보았다. 결국, 그는 토요일마다 하체가 뱀으로 변하는 아내의 비밀을 알게 되었다. 하지만 그는 여전히 아내를 사랑했기에 그 비밀을 혼자 가슴속에 묻어두기로 했다.

그러나 비밀은 오래가지 못했다. 여섯째아들인 큰 이빨 제프리가 자신의 동생이 은거하던 수도원에 불을 질렀는데 화재로 수도승 백여 명이 목숨을 잃는 대형 참사가 벌어졌다.

이 충격적인 소식을 듣고 레이먼드는 절망감에 사로잡혔다. 이성을 잃은 그는 사람들이 모여 있는 장소에서 그만 아내의 비밀을 폭로하고 말았다.

멜루신은 충격을 받고 쓰러졌다가 겨우 몸을 일으켰다. 그녀는 배신감에 눈물을 흘리며 창가로 걸어가서는 허공에 몸을 던졌다. 사람들이 놀라서 창가로 몰려들었다. 그때 갑자기 하늘에서 처절하게 울부짖는 소리와 함께 날개가 달린 거대한 뱀이 나타났다.

뱀은 성의 탑 주위를 세 번 원을 그리듯이 돌고는 하늘 저 멀리 사라져 갔다. 그 후 레이먼드는 은둔자가 되었고, 수도원에서 화재로 죽은 수도승들의 명복을 빌며 일생을 마쳤다고 한다.

› 32 모건 르 페이 | Morgan le Fay

영국의 요정 '모건 르 페이' 는 아서왕과 아버지가 같고 어머니가 다른 누나이다. 여섯 명의 '페이' 들 중 하나이다. 이탈리아에서는 '파타 모르가나' 라고 부른다. 마법에 걸린 사과의 섬 '아발론' 을 다스렸다. 생김새는 사람과 똑같다. 아름답고 영리하며 남자를 매우 좋아했다. 귀부인의 모습을 하고 있다. 특기는 마법. 마술사 '멀린' 과 견줄 수 있을 만큼 매우 뛰어나다. 변신술과 예언의 능력도 있다. 성격이 차갑다. 신기루를 만들어 배를 깨트리기도 한다. 하지만 마음에 든 사람에게는 우호적이다.

그녀는 '오르기에' 라는 기사를 사랑하여 늘 지켜주었고 그가 늙었을 때는 아발론으로 데려가 영원한 젊음을 선물했다.

원래 오르기에는 덴마크의 왕자였다. 그가 태어났을 때 여섯 명의 요정이 찾아와 그를 축복해 주었다. 그들 중에는 모건르페이도 있었다. 요정들은 각자 오르기에를 위해 용기, 용맹을 떨칠 기회, 불패, 남을 즐겁게 해주는 기술, 사랑이 넘치는 기질을 선물했다. 그러나 모건 르 페이는 자신을 선물로 주었다. 그녀는 오르기에가 성장해서 어른이 되면 자신을 찾아올 것이며 아발론에서 자신의 연인으로 살게 될 것이라고 했다.

모건 르 페이

분포지역: 영국
거주지: 마법의 섬 아발론
성별: 여
수명: 200년 이상
신장: 1m 70cm
성격: 차갑다
별명: 마녀
특기: 마법, 변신술, 예언

오르기에는 자라서 프랑스의 기사가 되었다. 그는 용맹과 모험으로 긴 생애를 보내고 결국 노인이 되었다. 그녀는 오르기에가 탄 배가 아발론 근처를 지나갈 무렵 배를 난파시켰다.

섬에 오른 오르기에 앞에 아름다운 모건 르 페이가 나타났다. 그녀는 오르기에의 손가락에 반지를 끼워주었다. 그러자 오르기에는 젊고 잘생긴 청년으로 모습이 바뀌었다. 전설에 따르면 오르기에는 아발론에서 모건 르 페이의 연인으로 수백 년을 살았다고 전해진다.

모건 르 페이는 이복동생인 아서 왕과 '기네비어' 왕비를 무척 싫어했다. 아서 왕과 왕비를 여러 차례 궁지에 몰아넣고, 아서의 기사들을 납치하기도 했다. 특히 호수의 여왕 니뮤에의 양자인 란슬롯을 납치한 후 자신의 성에 가둬놓았다.

란슬롯은 모건의 지시에 따라 자신과 기네비어 왕비의 불륜 장면을 묘사한 프레스코화로 벽을 장식하기도 했다. 모건은 그 그림을 아서에게 보여주어 기네비어의 불륜을 알려준다. 그녀는 또 아서 왕의 조카 '모르드레드'를 부추겨 원탁을 파멸로 몰고 가기도 했다. 그러나 아서 왕이 큰 부상을 당했을 때는 그를 치료하기 위해 아발론으로 데려갔다.

› 바다흐 | Bodach

영국의 요정 '바다흐'는 스코틀랜드의 고원지대에 산다. 사람과 비슷하게 생겼지만, 자세히 보면 매우 흉측하고 우스꽝스럽다. 보통 여기저기 어슬렁거리며 돌아다닌다. 부모의 말을 안 듣는 아이를 보면 굴뚝으로 들어가서 그 아이를 잡아간다. 그러나 사람들 앞에 모습을 보이는 경우는 매우 드물다.

스코틀랜드의 부모들은 아이들이 울면서 떼를 쓰거나 말썽을 부릴 때, 바다흐가 잡아간다며 겁을 주어 혼을 내기도 한다.

이 지방에는 '바다흐글래스'라고 불리는 요정도 있다. 이 요정이 나타나면 그 집에서 누군가 죽어 나간다. 반시나 듈라한처럼 인간의 죽음을 예고하는 요정이다. 미국의 세계적인 베스트셀러 작가 딘 쿤츠의 작품 『살인 예언자』에는 바다흐가 죽음의 냄새를 맡고 몰려드는 유령으로 등장한다.

125

바다흐
분포지역: **영국**
거주지: **스코틀랜드의 고원지대**
성별: **남**
수명: **100년**
신장: **2m**
성격: **사악하다**
별명: **유령**
특기: **죽음을 예고하는 능력**

› ㉞ 바베가지 | Barbegazi

프랑스 요정 '바베가지'는 프랑스와 스위스의 국경의 산맥에 산다. 키는 약 20cm. 사람의 손바닥 위에 올라갈 만큼 작다. 산꼭대기와 가까운 곳에 개미집 모양의 집에서 산다. 특이하게도 여름에 잠을 자다가 겨울에 잠에서 깨어나 활동한다. 겨울에 활동하기 때문에 복장은 언제나 흰 모피 옷차림이다.

수염은 추위 탓인지 늘 고드름처럼 얼어붙어 있다. 몸에 비해 발이 유난히 크다. 그래서 보기에 우스꽝스럽다. 하지만 큰 발 때문에 눈 위에서 편히 걷고 스키를 탄 것처럼 빨리 달릴 수 있다.

바베가지

분포지역: **프랑스**
거주지: **프랑스와 스위스의 국경지대**
성별: **남**
수명: **30년**
신장: **20cm**
성격: **낙관적이다**
별명: **왕발**
특기: **달리기**

〉③⑤ 반니크 | Vannik

러시아의 요정 반니크는 목욕탕이나 사우나를 지키는 요정이다. 사람들과 똑같이 생겼으나 뜨거운 김 사이로 나타나기 때문에 확실한 모습은 알 수 없다. 공동으로 사용하는 넓은 목욕탕에 세 패의 사람들이 차례로 욕실을 사용하고 나서 마지막으로 들어가는 것이 반니크이다.

반니크는 숲 속에 사는 요정들을 욕실에 초대해 함께 목욕하기를 좋아한다. 만약 사람들이 훔쳐보거나, 자신들의 차례가 되도록 밤늦게까지 목욕하는 사람이 있으면 화를 낸다. 그런 사람들을 보면 펄펄 끓는 물을 끼얹어 화상을 입히거나 목을 조른다. 심한 경우 화가 나서 자신이 지키던 목욕탕을 버려두고 떠나버린다.

반니크는 사람의 미래를 예언하는 능력이 있다. 미래를 알고 싶은 사람은 욕실 문을 열고 욕실 쪽으로 등을 돌린 뒤 참을성 있게 기다리면 된다.

반니크가 그의 등에 손바닥을 살짝 대면 행복한 미래가 기다리고 있다. 하지만 손톱으로 찌르거나 할퀴면 불행한 미래가 기다린다는 뜻이다.

반니크

분포지역: 러시아
거주지: 사우나
성별: 남
수명: 80년
신장: 1m 20cm
성격: 사교적이다
별명: 사우나 요정
특기: 예언의 능력

› 36 반시 | Banshee

아일랜드의 요정 '반시'는 인간들의 죽음을 미리 알려준다. 얼굴은 송장처럼 시퍼렇고 주근깨가 많다. 눈은 새빨갛다. 녹색 앞니는 앞으로 툭 튀어나왔다. 흰 머리는 땅에 끌릴 정도로 길다. 항상 녹색 옷에 회색 망토를 걸치고 다닌다.

전설에 따르면 반시는 사람을 보호해주는 존재이다. 사람들을 지켜보면서 가족들에게 불행이 닥치는 것을 미리 알려준다. 곧 죽을 사람의 집에 나타나 통곡을 하거나 박쥐 소리를 내며 지붕 위로 날아다닌다. 그런데 그 소리를 당사자는 못 듣고, 가족이나 친구들에게만 들린다. 시냇가에서 곧 죽을 사람의 옷을 빨래하기도 한다.

반시는 보통 혼자 다닌다. 그러나 위대한 인물의 죽음을 알릴 때는 두명, 또는 그 이상이 함께 울음소리를 낸다.

아주 드물지만 '코우치-어-바우어'Coach-a-bower 라는 검은 마차와 함께 나타날 때도 있다. 그 마차는 머리 없는 말들이 모는 '듈라한Dullahan의 마차'이다. 그 마차가 지날 때 문을 열면 얼굴에 피를 한 바가지 뒤집어쓰게 된다.

유서 깊은 가문에는 특정 반시가 사는데, 그 집안의 사람 중 젊어서 죽은 딸의 화신이거나, 아이를 밴 채 죽었거나, 아이를 낳다가 죽은 여자

여자라는 뜻의 ban과 요정이란 뜻의 shee의 합성어. 켈트 어로 '여자 요정'이란 뜻이다.

131

반시

태어난 곳: **영국**
거주지: **민가**
성별: **여**
수명: **200년**
신장: **1m 70cm**
성격: **예민하다**
별명: **죽음을 알리는 요정**
특기: **예언의 능력**

의 유령이기도 하다. 한편 반시는 죽음뿐 아니라 아기의 탄생도 알린
다. 또 아기의 요람을 지켜보거나 사람에게 체스를 가르쳐준다. 그래
서 사람들은 '듈라한'과 달리 반시에게 좋은 감정을 가지고 있다.

› **37** 발키리에/발키리 | Valkyrie

북유럽의 요정 '발키리에' 는 최고 신 '오딘' 의 시녀 또는 오딘의 세 딸이다. 이름은 '전사자를 선택하는 여자' 라는 뜻이다. 발키리에는 운명의 여신이기도 하다. 그녀들은 인간의 운명을 정하는 강력한 권한을 가지고 훌륭한 전쟁 영웅들의 생사를 선택했다. 오딘 신의 궁전에 거주하면서 활동할 때는 주로 9명 혹은 13명씩 집단을 이루어 다닌다.

오딘 신의 명령이 떨어지면 발키리에들은 갑옷과 투구로 무장한 채 백마를 타고 전쟁터의 하늘 위를 내달렸다. 이때 한 손에 말고삐, 다른 손에 칼이나 창을 잡고 다닌다. 그녀들의 방패에서 밝은 빛이 뿜어져 나오는데 사람들은 이 빛을 북극광이라고 한다.

발키리에는 매력적인 금발 머리에 아름다운 여성의 모습이지만 성격은 냉혹하다. 늑대, 까마귀, 매, 백조, 여자에 이르기까지 자유자재로 변신할 수 있다. 그녀들의 역할은 전시에 전투에서 승리할 진영과 전사할 병사들을 선택하고, 전사자들을 아스가르드에 있는 발할라 궁전으로 데려와 최후의 전쟁 라그나뢰크(신들과 그 적들 사이의 최후 전쟁, 신들의 황혼이라는 뜻)를 대비하게 하는 것이었다.

전쟁이 없을 때는 갑옷과 투구를 벗고 흰 드레스로 갈아입은 후 노래와 춤으로 전사자들을 위로하고 고기와 술을 대접하거나 천을 짰다. 이때 천을 짜는 실은 붉은 색만을 사용했다. 천위에 용사들의 죽을 운

명을 수놓으며 다가올 전쟁의 승자와 패자를 결정했다.

전쟁터가 아니면 인간들과 대체로 우호적이어서 인간과 결혼하기도 했다. 발키리에는 마술에 대해 폭넓은 지식을 가지고 있어서 사람들에게 축복이나 저주를 내릴 수도 있다. 이 때문에 중세 시대에는 발키리에를 마녀로 규정했다.

독일의 유명한 낭만파 음악가 리하르트 바그너Richard Wagner는 대작 오페라『니벨룽겐의 반지』를 만들었다. 니벨룽겐의 반지는 모두 4부(라인의 황금-발퀴레-지크프리트-신들의 황혼)작으로 그중 두 번째 작품인 '발퀴레'의 내용은 다음과 같다.

신들의 왕 보탄에게는 발키리라고 부르는 아홉 명의 딸이 있다. 그중 브륀힐데Brühnhilde는 보탄 왕이 가장 사랑하는 딸이다. 보탄 왕은 브륀힐데에게 세상으로 내려가 지그문트와 지글린데 남매를 도와주라고 당부했다. 그들 남매는 보탄 왕이 인간 여자와 사랑을 나누고 얻은 자식들이었다. 따지고 보면 발키리들의 동생이기도 했다.

하지만 보탄 왕의 아내 프리카Fricka는 불륜의 씨앗인 지그문트 남매를 죽일 것을 강력하게 요구했다. 결국, 보탄 왕은 브륀힐데에게 지그문트를 도와주지 말고 그를 죽이라고 지시했다. 하지만 브륀힐데는 아버지 보탄 왕의 지시를 어기고, 훈딩에게 쫓기는 지그문트 남매를 살리기로 했다.

지글린데의 남편 훈딩은 두 남매를 필사적으로 추격해왔다. 마침내 훈

딩은 지그문트 남매를 따라잡았고, 두 사람은 산꼭대기에서 결투를 벌였다. 브륀힐드는 지그문트를 도와주려 했지만 이때 나타난 보탄 왕이 결투 중인 지그문트의 칼을 부러뜨렸다. 그 틈을 노려 훈딩은 지그문트를 죽였다.

자식을 죽음으로 내몬 보탄왕은 자책감에 사로잡혀 훈딩을 죽였다. 지그문트의 죽음에 충격을 받은 지글린데가 정신을 잃고 쓰러지자 브륀힐데는 그녀를 안고 도망쳤다. 화가 난 보탄 왕은 자기 일을 방해한 브륀힐데를 죽이겠다고 맹세했다.

보탄왕은 브륀힐데를 잠들게 한 후 사방에서 불이 타오르는 성에 가두었다. 누군가 그 무시무시한 불길을 뚫고 그녀를 깨우기 전까지 그녀는 잠에서 깨어날 수 없었다. 그뿐만 아니었다. 보탄 왕은 그녀가 누군가의 도움으로 잠에서 깨어난다고 해도 발키리의 힘을 회복할 수 없도록 만들어버렸다.

브륀힐데는 아주 오랫동안 잠들어있었다. 마침내 영웅 지그프리트가 그녀를 잠에서 깨웠다.
그러나 운명의 신은 그들의 사랑을 허락하지 않았다. 사랑의 묘약을 동원한 사악한 음모로 지그프리트는 브룬힐데가 아닌 다른 여자와 결혼했다.
질투심에 사로잡힌 브륀힐데는 사랑하는 지그프리트를 살해할 음모를 꾸몄다. 그녀는 계획대로 지그프리트를 살해했지만 곧 심한 자책감에 사로잡혔다. 결국 그녀는 말을 몰아 타오르는 불길 속으로 뛰어들어 삶을 마쳤다. 이것이 바로 니벨룽겐의 반지 중 '신들의 황혼' 의 절정을 이루는 장면이다.

﹥38 버번시 |Bubanshi

영국과 스코틀랜드에 주로 나타나는 '버번시'는 사악한 요정이다. 사람들의 피를 빨아먹는 뱀파이어흡혈귀Vampire의 일족으로 여겨지며, 날개가 달려있어서 날 수 있다.

버번시는 빛을 싫어해서 주로 밤에 활동한다. 녹색 드레스를 입은 아름다운 처녀의 모습으로 돌아다니며 인간을 유혹해 피를 빨아 먹는다. 특히 젊은 남자의 피를 좋아한다.

버번시는 얼굴이 아름다워서 남자들을 쉽게 유혹하지만, 사슴 발굽처럼 흉측한 발 때문에 정체를 들킬 때도 잦다. 대부분 혼자 다니지만 여러 명의 인간을 유혹할 때는 버번시도 여럿이 함께 나타난다.

이 요정은 사람을 홀려 함께 춤을 추는데 이때 피를 빨리면 죽을 때까지 춤을 멈출 수 없다. 버번시에게 화를 당하지 않으려면 네 잎 클로버를 몸에 지니고 다녀야 한다.

스코틀랜드에는 사악한 흡혈요정으로부터 목숨을 구한 청년의 이야기가 전해져오고 있다. 그 청년은 친구들과 함께 산을 넘다가 날이 어두워져 숲 속 낡은 오두막에서 하룻밤 묵어가기로 했다. 그런데 어디선가 아름다운 처녀 네 명이 찾아와 그들을 깨웠다. 그들은 제각각 처녀들의 손을 잡고 짝을 지어 신이 나서 노래를 부르고 춤을 췄다. 한참

버번시
_____

분포지역: **영국과 스코틀랜드**
거주지: **숲**
성별: **여**
수명: **200년**
신장: **1m 65cm**
성격: **이중적이다**
별명: **벰파이어**
특기: **춤**

춤을 추는데, 친구들의 몸에서 피가 뚝뚝 떨어지는 것이 보였다. 혼비
백산한 청년은 마을 쪽으로 허둥지둥 도망쳤다. 그러자 함께 춤을 추
던 여자가 뒤쫓아 왔다.

청년은 죽을힘을 다해 도망쳐 간신히 그녀를 따돌릴 수 있었다. 날이
밝자 청년은 친구들이 걱정되어 다시 오두막으로 가보았다. 집안엔 피
를 빨린 채 죽어있는 친구들의 시체만이 널려 있었다. 마을로 돌아온
청년은 사람들에게 그 사실을 알렸다. 마을 사람들은 어젯밤 그 처녀
들이 바로 버번시였다고 말해주었다.

› **39** 보가트 | Boggart

폴터가이스트는 이유 없이 가축이 울부짖거나 물체가 제멋대로 공중에 날아다니거나 창문이 부서지고 아무도 없는 곳에 누군가 뛰어다니는 소리가 나는 등의 심령 현상을 말한다. 새벽이 되어 날이 밝으면 폴터가이스트 현상은 사라진다. 독일어로는 '시끄러운 유령'이란 뜻이다. 심령과학을 소재로 한 공포영화에서 폴터가이스트 현상을 자주 볼 수 있다.

스코틀랜드의 요정 '보가트'는 주로 사람들의 집에 산다. 코는 길고 뾰족하며 몸에 까무잡잡한 털이 있다. 늘 찢어진 옷을 입고 다닌다.

성질이 나쁘고 장난이 심하며 몹시 변덕스럽다. 취미는 사람과 가축들을 괴롭히기. 사람에게 장난을 칠 때 '폴터가이스트Poltergeist'를 일으켜 마을 전체를 공포의 도가니로 몰아넣는다.

집을 부수거나 아이들의 식사를 훔쳐 먹고, 그릇을 떨어뜨려 깨뜨리기도 한다. 보가트는 원래 착한 브라우니였으나, 자신이 좋아하던 사람이 죽거나 모욕을 받으면 성질이 더러운 보가트로 변한다. 보가트에게서 벗어나려면 다른 지역으로 몰래 이사를 해야 한다. 머뭇거리면 보가트가 눈치를 채고 이삿짐에 숨어서 따라간다. 이럴 때는 이사하기 전보다 더 혹독한 대가를 치르게 된다.

* | 보가트
Boggart

보가트

분포지역: **스코틀랜드**
거주지: **민가**
성별: **양성**
수명: **100년**
신장: **1m**
성격: **고약하고 변덕스럽다**
별명: **시끄러운 유령**
특기: **폴터가이스트 일으키기**

› **40** 보기 | Bogies

영국의 심술꾸러기 요정들을 '보기'라고 부른다. 이들은 평소 잘 열지
않는 서랍이나 보석함 등에서 산다. 딱히 정해진 모습은 없다. 바람에
날리는 먼지나 유령 같은 존재로 우리나라 도깨비의 일종이다.

호기심이 많아서 밤에 몰래 집안을 돌아다닌다. 사람에게 관심이 많아
사람들을 훔쳐보거나 따라다니며 관찰한다. 어두운 곳을 좋아하고 사
람의 일에 쓸데없이 참견하기를 좋아한다. 사람에게 별다른 해를 입히
지는 않지만, 딱히 득이 되는 경우도 없다. 성격이 나쁘고 변덕이 심해
사람에게 심술도 잘 부린다. 그러나 멍청해서 오히려 사람에게 당하는
때가 더 많다. '랩Rap 소리(찰싹거리는 소리나 딱딱거리는 소리가 들리는 심령현상)'를
잘 낸다. 집에 보기가 있는지 알아보려면 집안에 나 있는 구멍 안을 들
여다보면 된다.

구멍 저쪽 편에 희미하게 빛나는 눈이 보이면 보기가 있다는 증거다.
뒤통수에 누군가 바라보는 느낌이 드는 이유는 실제로 보기가 그 사람
의 머리 뒤에 떠다니기 때문이다.

영국에 전해오는 지혜로운 농부와 멍청한 보기의 이야기다. 어느 농촌
마을에 사는 한 농부가 자신의 밭에 사는 보기 때문에 늘 고민했다. 보
기는 자신이 밭의 주인이라고 우기면서 애써 가꾼 농작물을 망쳐놓기

*│ 보기
  Bogies

보기

분포지역: **영국**
거주지: **서랍이나 보석함**
성별: **남**
수명: **30년**
신장: **3cm**
성격: **변덕스럽다**
별명: **심술꾸러기**
특기: **떼쓰기**

일쑤였다. 생각다 못한 농부는 보기와 농작물을 절반씩 나누기로 했다.

 그 대신 농작물의 위는 자신이 갖고 아래는 보기에게 준다는 조건을 달았다. 보기는 농부의 제안에 매우 만족해했다.

그해 농부는 밭에 보리를 심었다. 마침내 추수 때가 되어 수확을 거둬들였다. 대 풍년이었다. 약속대로 농부는 보리 알곡을 챙겼고 보기는 쓸모없는 뿌리를 갖게 되었다.

화가 나서 열이 잔뜩 받친 보기는 조건을 바꾸자고 했다. 농부도 기꺼이 보기의 요구를 수용했다. 이렇게 해서 보기는 위를 갖고 농부가 아래를 갖기로 약속했다.

농부는 이번에는 무를 심었다. 때가 되자 농부는 튼실한 무를 차지하게 되었고 보기는 쓸모없는 무 이파리만 잔뜩 차지하게 되었다. 보기의 멍청함을 잘 보여주는 이야기다.

41 보디아노이 | Vodyanoy

러시아의 물의 요정인 '루살카'는 여자지만 같은 물의 요정인 보디아
노이는 남자이다. 슬라브 신화에서 보디아노이는 주로 루살카의 아버
지로 등장한다. '보디아노이'는 강물 밑에 금속이나 보석으로 지은 궁
전에 산다. 물의 요정으로 사람보다 키가 훨씬 크다. 생김새는 물고기
나 개구리를 닮았다. 또는 얼굴에는 긴 푸른 수염이 있고, 물고기의 꼬
리를 가지고 있다고 그려진다. 하지만 변신 능력이 있어서 거인, 긴 수
염의 노인, 아름다운 여성으로 나타나기도 한다. 물길이 막혔을 때는
어쩔 수 없이 물방앗간 근처 늪에서 산다. 그래서 강물을 막는 물레방
아나 둑을 보면 홍수를 일으켜 파괴하려 한다. 또 다른 이유는 물에 자
유를 주기 위해서 둑을 허문다는 주장도 있다. 성격이 잔인해서 이 요
정을 만나면 위험하다.

자신의 영역을 침범하면 침입자에게 수종증水腫症을 일으킨다. 이 병에
걸리면 온몸이 스펀지처럼 물로 가득 찬다. 인간을 제물로 바치면 잡
아먹거나 노예로 부린다. 주로 밤에 활동한다. 날이 저물면 메기를 타
고 사람을 잡아먹기 위해 늪 주변이나 호숫가를 돌아다닌다.

사람들이 물가로 안 오면 굶주려 다른 곳으로 이동한다. 루살카와 달

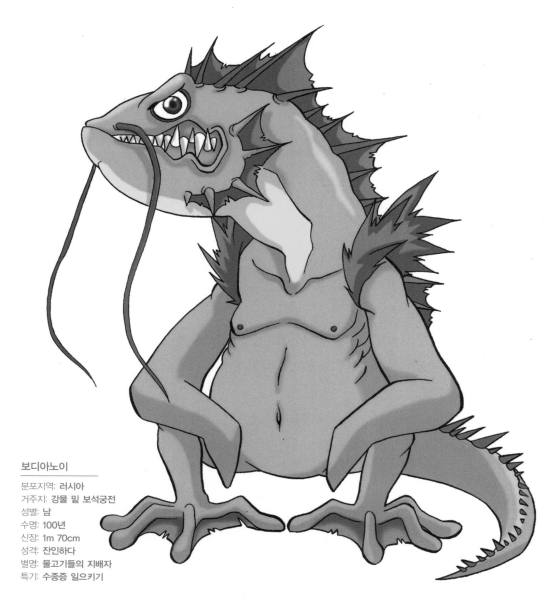

보디아노이

분포지역: 러시아
거주지: 강물 밑 보석궁전
성별: 남
수명: 100년
신장: 1m 70cm
성격: 잔인하다
별명: 물고기들의 지배자
특기: 수종증 일으키기

리 물 밖에 오래 머무를 수 없어서 아무리 배가 고파도 마을까지 사람을 잡으러 오지 못한다.

보디아노이는 물고기들의 지배자이기도 하다. 그래서 어부들은 보디아노이에게 가장 먼저 잡은 물고기나 담배를 바쳤다. 물방앗간을 지을 때는 보디아노이를 위해서 검은 수탉을 그 아래에 묻었다. 가뭄을 막기 위해 보디아노이에게 사람을 제물로 바치기도 했다.

보디아노이는 한국의 물귀신과 유사한 존재이다.

물귀신은 자신이 빠져 죽은 바로 그 장소에 머무르면서 사람이 접근하면 물속으로 끌고 들어가 익사시킨다. 또 물귀신은 어부를 잡아가거나 어부들의 고기잡이를 방해하고, 밤늦게 조업에 나선 고기잡이배를 먼 곳으로 유인하여 표류하게 하기도 한다.

› 42 브라우니 | Brownie

보물섬의 저자로 잘 알려진 영국의 소설가 로버트 루이스 스티븐슨 Robert Louis Stevenson, 그는 꿈속에서 브라우니가 나타나 환상적인 주제를 알려주었다고 말했다. 지킬박사가 악마 같은 하이드씨로 변하게 되는 '지킬박사와 하이드씨' 이야기도 브라우니의 도움으로 쓸 수 있었다고 한다.

영국의 집안일을 돕는 요정 '브라우니'는 키가 1m 정도에 얼굴은 납작하며 코가 없고 콧구멍만 달려있다. 손은 벙어리장갑처럼 손가락이 모두 붙어있다. 벌들을 한곳에 모으는 특별한 힘이 있으며 음식의 겉모양을 그대로 남겨둔 채 알맹이만을 훔쳐 먹는 특별한 기술을 지니고 있다.

사람들이 벌떼의 습격을 받았을 때 '브라우니, 브라우니!' 라고 외치면 브라우니가 나타나 벌떼를 다른 곳으로 보내준다. 성격은 변덕스러운 면도 있지만, 사람과 친하고 사람을 잘 따른다. 특히 어린이들과 잘 놀고 정직한 사람들과 잘 어울린다. 게으른 하녀나 집주인의 물건을 훔치는 하인을 보면 벌을 준다.

마음에 든 사람과 한 번 친구가 되면 그 친구가 죽은 뒤에 무덤까지 지켜줄 만큼 의리가 강하다. 주로 밤에 활동하며 마법을 사용하기 때문에 사람의 눈에 띄지 않는다. 요정의 존재를 믿지 않는 사람 앞에는 절대 모습을 나타내지 않는다. 하지만 정직하고 명랑한 사람이나 아이들에게는 모습을 보여준다.

집안일에 무척 밝고 부지런하며 충성스럽다. 일을 도와준 대가로 맛있는 우유나 과자, 또는 빵을 얻어먹으면 만족한다. 하지만 브라우니에

※ 브라우니
Brownie

브라우니

분포지역: **영국**
거주지: **민가**
성별: **남**
수명: **100년**
신장: **1m**
성격: **친절하다**
별명: **어린이들의 친구**
특기: **벌 떼 다루기**

게 보상할 때는 주의사항이 있다. 거래하듯이 보상을 하거나 도움을 당연시하며 아무런 사례를 안 하면 반드시 보복한다. 또 사람들이 고마움의 표시로 갓난아이 치수의 옷을 선물하면 조용히 그 집을 떠난다.

자신들이 평범한 일꾼으로 취급받는다고 느끼기 때문이다. 그들은 이처럼 자부심이 무척 강하고 변덕이 심한 종족이다. 브라우니들은 축제를 좋아한다. 축제에 빠지는 자를 무리에서 추방하기도 한다.

블랙 애니스 | Black Annis

블랙 애니스는 영국의 외눈박이 노파 요정이다. 인간을 잡아먹는 사악한 요정으로 얼굴은 새파랗고 덧니가 길고 희다. 손톱이 길고 쇠처럼 단단해서 손톱으로 동굴을 팔 수 있다.

레스타샤의 데인 언덕에 있는 동굴에 거주하는데, 동굴 안에는 그녀가 잡아먹은 사람이나 양의 뼈가 어지럽게 널려 있다.

블랙 애니스는 마을로 내려와서 아이가 있는 집의 창문에 손을 넣어 아이들을 낚아채 가거나, 나무 위에 숨어 있다가 지나가는 나그네를 습격한다. 발이 표범처럼 빨라서 한 번 표적이 된 사람은 절대 그녀에게서 벗어날 수 없다. 사람을 잡아먹기 어려울 땐 새끼 양을 대신 잡아먹는다.

블랙 애니스가 이빨을 갈면 그 소리는 멀리까지 울려 퍼진다. 이 소리가 들리면 부모들은 아이들을 집안에 숨기고 문을 꼭 걸어 잠근 뒤, 창가에 가까이 가지 않게 해야 한다. 블랙 애니스의 힘은 피에서 나온다. 피를 흘리면 기운이 떨어진다. 그래서 작은 상처만 생겨도 치료를 위해 자신의 동굴로 황급히 돌아갔다. 켈트의 여신 '다누Danann'의 딸이라고도 전해진다.

다누Danann: 아일랜드 켈트족의 신화에 나오는 대지(大地)의 여신. 투아타 데 다난 신족의 조상으로, 포워르족의 왕 브레스의 아내였다고 전해진다.

슬라브족의 민담에도 블랙 애니스와 유사한 바바야가Babayaga라는 정령이 등장한다. 그녀는 주로 아이들을 잡아먹는 사악하고 잔인한 존재다. 바바야가는 눈길만으로도 사람을 돌로 만들 수 있는 능력이 있다. 돌로 만든 사람을 자기 집으로 데려가서 다시 육신으로 돌려놓은 뒤 잡아먹었다고 한다.

바바야가는 자신이 잡아먹은 인간의 뼈로 무시무시한 집을 지어, 자신의 영역에 들어온 사람들로 하여금 공포에 떨게 하였다. 또 두개골로는 울타리를 장식하거나 등불로 이용했다.

블랙 애니스

분포지역: **영국**
거주지: **데인언덕의 동굴**
성별: **여**
수명: **200년**
신장: **1m 60cm**
성격: **잔인하다**
별명: **외눈박이 마귀할멈**
특기: **손톱으로 동굴파기**

세이렌 | Siren

'세이렌'은 아름다운 얼굴과 독수리의 몸체를 가진 그리스의 바다 요정으로 날개가 있어서 자유롭게 하늘을 날 수 있다. 성격은 사악하고 자존심이 무척 강하다. 뮤즈 멜포메네Melpomene와 강의 신 아켈로스Achelos 사이에서 낳은 딸들이라고 한다.

전승에 의하면 세이렌은 둘 또는 셋, 넷이 등장하는데 그 이름도 서로 다르다. 2인의 경우 히메로파Himeropa다정한 목소리와 텔크시에페이아Thelxiope매혹적인 목소리이며 3인이라는 설에 따르면 그 이름이 리게이아Ligeia금속성 소리, 레우코시아Leukosia희다' 라는 뜻, 파르테노Parthenope처녀의 목소리이다. 네아폴로도로스에 의하면 한 명은 수금, 한 명은 노래, 또 한 명은 플루트를 불었다.

4인일 경우 그 이름은 각각 텔크시에페이아, 아그라오페메Aglaopheme달콤한 목소리, 페이시노에Peisinoe설득적 존재, 모르페Molpe노래이다.

세이렌은 이탈리아 서부 해안−지중해 시칠리아 섬 근처의 안테모에사(꽃이 만발한) 섬에 살았다. 그녀들은 아름답고 달콤한 목소리로 노래를 불렀기 때문에, 그 노래를 들은 뱃사람들은 누구나 넋을 잃었고, 배는 바위에 부딪혀 난파당했다.

'스킬라'와 '카리브디스'도 세이렌과 가까운 곳에 살았다. 뱃사람들은 세이렌이 사는 바다를 '마의 해역'이라고 부르며 피해 다녔다.

뱃사람들에겐 세이렌은 두려움과 공포의 대상이었다. 세이렌이 사는 섬에는 수많은 뱃사람의 시체와 해골이 산더미처럼 쌓여있었다. 세이렌들의 노랫소리를 듣고도 그녀들이 사는 섬을 통과한 배가 있으면 그녀들은 바다에 몸을 던져 죽게 될 것이라는 예언이 있었다.

이 예언은 이아손과 아르고 원정대 그리고 오디세우스일행에 의해서 두 번이나 실현되었다.

이아손의 아르고 원정대가 세이렌의 섬을 지나갈 때 원정 대원 중 한 명인 부테스가 배 밖으로 뛰어들었다. 그는 아프로디테의 도움으로 목숨을 구한 뒤 여신의 연인이 되었다.

아프로디테와 부테스 사이에서 에릭스라는 아들이 태어났다.

아르고 원정대는 부테스를 제외하고 한 명의 희생자도 없이 세이렌들을 물리칠 수 있었는데 이는 오르페우스 덕분이었다. 오르페우스는 디오니소스의 숭배자이자 타의 추종을 불허하는 천재적인 음악가였다. 그가 수금을 연주하면 주변의 나무와 바위까지 춤을 추었다고 한다.

오르페우스의 음악은 너무나 달콤해서 아르고호의 원정 대원들은 세이렌의 노래 대신 모두 그의 노래에 귀를 기울였다고 한다. 덕분에 아르고호는 쉽사리 세이렌의 유혹을 피할 수 있었다.

오디세우스일행들도 세이렌의 섬을 무사히 통과했다. 그는 키르케의 충고에 따랐다. 세이렌의 유혹을 피하고자 부하들의 귀를 밀랍으로 막게 한 뒤 자신의 몸을 돛대에 묶게 했다. 세이렌의 노랫소리가 들리는 곳에 이르면 자신이 아무리 간청해도 절대 풀어주지 말라고 부하들에게 명령했다. 하지만 오디세우스 일행은 6명의 부하를 잃은 뒤 겨우

세이렌
Siren

세이렌
———————
분포지역: 그리스
거주지: 안테모에사 섬
성별: 여
수명: 200년
성격: 자존심이 강하다
신장: 1m 70cm
별명: 달콤한 목소리
특기: 노래

세이렌의 유혹을 벗어날 수 있었다.

세이렌과 비슷한 요정으로는 '하피Harpy'가 있는데 하피는 세이렌과 달리 못생기고 지저분하다. 전해지는 이야기에 따르면 세이렌들은 원래 페르세포네를 따르는 처녀들이었다고 한다. 하데스가 페르세포네를 납치하는 것을 막지 못해서 그 벌로서 추한 모습으로 변했다고 한다. 또 뮤즈들과 노래를 겨루었다가 패했다는 이야기도 전해진다.

› **45** 스킬라 | Scylla

스킬라는 메가라 왕 니소스Nisus의 딸(그녀의 부모에 대해서는 많은 이론이 있다)이다. 원래 아름다운 님프로 바다 괴물인 포르키스Phorcys와 님프인 크라타이스Krataiis의 딸이라고도 한다. 그녀의 아름다움에 마음을 빼앗긴 수많은 구혼자가 있었지만 모두 뿌리쳤다.

바다의 신 글라우코스Glaucos도 스킬라의 아름다움에 마음을 빼앗겨 연정을 품게 되었다. 그는 스킬라의 사랑을 얻기 위해 마녀 키르케Kirke에게 사랑의 묘약을 만들어 달라고 부탁했는데 이것이 화근이 되었다. 글라우코스를 보고 첫눈에 반한 키르케는 오히려 스킬라를 포기하고 자신을 사랑해달라고 애원했다. 글라우코스가 그녀의 사랑을 거부하자 키르케는 스킬라에 대한 질투심이 불타올랐다. 그녀는 사랑의 묘약 대신에 괴물로 변하게 하는 사악한 독약을 만들었다.

그녀는 스킬라가 휴식을 위해 즐겨 찾는 만Bay, 灣에 독약을 풀어 넣고, 사악한 주술로 만든 독액을 뿌린 후 세 차례 저주의 주문을 외었다. 만을 찾은 스킬라는 아무것도 모른 채 헤엄치러 물속에 들어갔다.

그 순간 스킬라는 3중 이빨을 가진 입과 6개의 머리, 12개의 다리를 가진 흉측한 괴물로 변했다. 모습뿐 아니라 성격까지 매우 포악하고 잔인하게 변했다. 전승에 따르면 스킬라의 허리에 여섯 마리의 개의 머리가 생겼는데, 이 개들은 항상 굶주림에 못 이겨 사납게 울부짖었

Scylla: 개의 자식이라는 뜻이다

스킬라는 '헤라클래스 Hercules'에게 한번 죽었다가 바다 괴물인 아버지 '포르키스'의 힘으로 다시 살아났다. 그러나 마지막엔 바위로 변했다.

159

스킬라 (개의 자식이라는 뜻)

분포지역: **그리스**
거주지: **메시나 해협의 암벽**
성별: **여**
수명: **200년**
신장: **1m 60cm**
성격: **잔인하다**
별명: **바다괴물**
특기: **인간 사냥**

스킬라
Scylla

다고 한다.

스킬라로부터 목숨을 구하려면 그녀의 어머니이자 바다의 님프인 크라타이스의 도움을 받는 방법 외엔 다른 방법이 없다.

스킬라는 그리스의 메시나 해협 암벽의 어두운 동굴에 살았다. 메시나 해협은 시칠리아 연안에서 폭이 가장 좁다. 카리브디스의 소용돌이 근처 동굴에 살면서 배가 지날 때마다 긴 목을 늘려 배에서 한 사람씩 물어 갔다.

스킬라는 목이 닿는 거리의 생물들은 모두 잡아먹었기 때문에 해협을 지나는 선원들은 늘 공포에 시달렸다.

46 스프리간 | Spriggans

거인들의 보물을 지키는 요정, 영국의 땅의 끝이라 불리는 콘월 지방
에 사는 '스프리간'은 노인의 모습으로, 고대 거인들의 유적지나 지하
에 숨겨진 보물을 지킨다. 보통 때는 키가 작지만, 필요에 따라 몸의
크기를 자유자재로 바꾼다. 이들은 요정 왕국을 사람이나 적으로부터
지킨다. 적과 싸울 때는 자신의 몸을 점점 크게 늘려서 상대에게 겁을
준다.

스프리간과 비슷한 요정으로는 나폴리의 모나씨엘로Monaciello가 있다.
모나씨엘로는 '작은 수도사'라는 뜻이지만 그들의 삶은 수도사와 거
리가 멀다. 그들은 숨겨진 보물을 지키는 일을 한다. 때로는 사람들의
물건을 빼앗거나 옷을 훔치는 장난을 즐긴다. 그들의 진홍빛 모자를
훔치거나 빼앗으면 부자가 될 수 있다. 그들은 보물보다 모자를 소중
하게 여기기 때문에 보물과 모자를 맞바꿀 수 있다.

스프리간

분포지역: **영국**
거주지: **거인들의 지하 유적지**
성별: **남**
수명: **100년**
신장: **1m**
성격: **우직하다**
별명: **보물지기**
특기: **몸집 부풀리기**

⟩ 47 시오크 | Cheopues

아일랜드의 요정들 '시오크'는 호수의 작은 섬이나 가시덤불에 산다.
귀여운 소녀처럼 생겼다. 그런데 생긴 모습과 달리 짓궂고 장난꾸러기
이다. 취미는 장난치기, 노래하기, 시인에게 영감을 주고 노래를 잘하
는 사람의 소원을 들어준다. 나쁜 사람에게 시체를 업게 하는 등 겁을
주어 버릇을 고쳐준다.

사람과의 관계는 사람이 하기에 따라 달라진다. 즉 은혜는 은혜로, 원
수는 원수로 갚는다. 사람에게 도움을 청할 때도 있다. 전쟁에서 자기
편이 이기게 도와달라든가, 출산을 앞두고 산파에게 도움을 청한다.
어쩌다 길을 잃어 푸른 '라스Rath'에 들어가면 시오크의 세계를 엿볼
수 있다. 자기네 세계에 침입하는 사람을 싫어한다. 심하면 홀려서 죽
인다. 사람과 똑같이 무리를 지어 생활한다.

사람처럼 사랑하고, 전쟁하며, 아기를 낳거나, 죽기도 한다. 그러나 요
정은 죽지 않기 때문에 장례식은 대부분 사람을 흉내 내어 즐기는 '장
례식 놀이'일 뿐이다.

시오크

분포지역: **아일랜드**
거주지: **푸른 라스**
성별: **여**
수명: **200년 이상**
신장: **1m 30cm**
성격: **짓궂다**
별명: **장난꾸러기**
특기: **노래하기**

› 48 실프 | Shylph

조로아스터: '자라투스트라Zoroaster'의 영어 이름이다. 그가 역사상의 인물이라고 고전 작가도 인정하지만, 어느 시대의 사람인지는 확실하지 않다. 20살 무렵 종교 생활에 들어가서 30살 무렵에 신의 계시를 받아 새로운 종교 조로아스터교를 처음 만들었다고 한다.

실프는 라틴어로 'syiva숲, 수목'과 그리스어 'Nymphe'의 합성어에서 생겨났다. 실피드sylpid라는 여성 명사형으로 불리기도 한다. 그리스인들은 물질을 형성하고 있다고 믿는 네 가지 요소 즉 흙, 물, 불, 공기와 정령이 상관관계가 있다고 믿었다.

유럽의 바람의 요정 '실프'는 인간을 열렬하게 사랑한다. 그런 만큼 질투심도 강하다. 사랑하는 인간이 배신하면 복수한다. 인간과 비슷하게 생겼는데, 세상의 여자들보다 훨씬 아름답다. 나이를 먹어도 늙지 않아 변함없이 젊고 아름답다. 영혼이 없지만 인간과 사랑하면 영혼이 깃들어서 죽지 않는 몸이 된다.

인간과 실프 사이에 태어난 아이는 머리가 좋고 외모도 아름답다. 유명한 '조로아스터Zoroaster'도 사람과 요정 사이에 태어났다는 이야기가 있다. 정숙한 여인이 죽으면 바람의 요정이 된다고 한다.

16세기의 연금술사인 파라켈수스Paracelsus는 물질을 형성하고 있는 네 가지 요소로 흙, 물, 불, 공기를 꼽았다. 그는 대지의 정령인 놈, 물의 정령인 님프, 불의 정령인 살라만드라, 공기의 정령인 실프를 열거했다.

실프는 바람의 요정이기 때문에 쉽게 모습을 감출 수 있다. 공기를 마음대로 다룰 수 있으며 바람을 타고 원하는 곳으로 이동할 수 있다. 숲의 요정, 나무의 요정으로 불리기도 한다.

실프
Shylph

실프

분포지역: **유럽**
거주지: **공기**
성별: **여**
수명: **1000년 이상**
신장: **1m 70cm**
성격: **열정적이다**
별명: **바람의 요정**
특기: **바람타고 이동하기**

아 › 49 아마단 | Amadan

아일랜드와 스코틀랜드의 민간전승에 등장하는 요정 '아마단'은 저주를 부르는 불길하고 사악한 요정이다. 주로 달이 뜨는 밤이면 검은 옷을 입고 나타나 피리를 불며 사람을 홀린다. 아마단의 피리 소리에 홀린 사람은 미치거나 바보가 된다.

아마단의 옷을 만지기만 해도 팔이나 다리가 마비되어 평생을 불구로 살게 된다. 마음이 못된 사람이나 늦은 밤 외진 곳을 다니는 범죄자를 희생양으로 삼는다. 그래서 나쁜 짓을 저지른 사람들에게 아마단은 공포의 대상이다. 스코틀랜드 사람들은 아마단을 광대요정the Fairy Fool이라고 부른다. 아마단과 마주치면 기도문을 읊거나 신의 가호를 빌면 안전하다.

아마단

분포지역: **아일랜드와 스코틀랜드**
거주지: **숲**
성별: **남**
수명: **200년**
신장: **1m 60cm**
성격: **사악하다**
별명: **광대요정**
특기: **피리연주, 저주**

› ㉟ 아프사라스 | Apasaras

인도의 요정 '아프사라스'는 '반얀'이나 '우담바라'와 같은 거룩한 나
무에 산다. 하늘나라의 무희이며, 물에서 태어났다. 물새로 변신할 수
있다. 신들이 마음을 빼앗길 만큼 아름다운 그녀들은 항상 얇은 비단
옷을 입고 다닌다. 가벼운 성격에 취미와 특기는 신이나 사람을 유혹
하기, 도박, 춤, 노래 등이다.

천계의 무용수로서 악사 간다르바들과 함께 신들에게 춤과 노래, 술을
대접하는 역할을 수행한다. 아프사라스의 아름다움에 홀린 사람은 미
치게 된다. 남성 종족이 없어 간다르바나 인간과 결혼해 자손을 남긴
다. 그러나 본래 신들의 첩이나 애인 같은 존재이기 때문에 평생의 배
우자가 될 수는 없다.

『리그베다』이후 아프사라스인 우르바시Urvasi와 인간의 왕 푸루라바스
Pururavas와의 사랑 이야기는 널리 알려져 유명하다. 우르바시는 천상
에서 지상으로 내려와서 일라Ila(인간의 시조 마누Manu의 딸)의 아들 푸루라바
스와 결혼했다. 그녀는 결혼할 때 다음과 같은 조건을 걸었다.

"하루에 세 번 나를 안아 주세요. 그러나 내가 원하지 않을 때에는 잠
자리를 함께해서는 안 됩니다. 또한, 당신의 나신을 보여서는 안 됩니
다."

아프사라스

분포지역: 인도
거주지: 우담바라
성별: 여
수명: 불사
신장: 1m 70cm
성격: 가볍다
별명: 천상의 무희
특기: 춤, 유혹하기

두 사람의 결혼생활은 행복하고 평탄했다. 그러나 천상의 악사인 간다르바들이 우르바시를 다시 천상으로 불러올 계획을 세우면서 위기를 맞았다.

간다르바들은 푸루라바스 부부가 잠자리에 들기를 기다렸다가 우르바시가 평소 몹시 귀여워하던 새끼 양 두 마리를 잡아갔다. 그 모습을 본 우르바시가 비명을 지르자 깜짝 놀란 푸루라바스는 벌거벗은 채 새끼 양을 찾으러 쫓아갔다.

간다르바들은 이 기회를 놓치지 않고 사방에서 빛을 던져 우르바시가 푸루라바스의 알몸을 보게 했다. 졸지에 푸루라바스는 아내와의 약조를 어기게 됐고 우르바시는 그 즉시 천상으로 올라가 버렸다. 모든 것은 간다르바들의 계획대로 이루어졌다.

아내가 모습을 감추자 슬픔에 빠진 푸루라바스는 우르바시를 찾아 사방으로 뛰어다녔다. 그러다가 우연히 백조의 모습으로 변신한 한 무리의 아프사라스들과 마주쳤다. 그중에는 애타게 찾아다니던 우르바시도 있었다.

푸루라바스는 뛸 듯이 기뻤지만, 남편을 본 우르바시의 반응은 냉담하기만 했다. 실망한 푸루라바스는 목을 매고 죽어 늑대의 밥이 되겠다고 말했다. 그 말이 우르바시의 얼어붙은 마음을 녹였다.

우르바시는 "1년 후 다시 이곳에서 만나 하룻밤을 지내요. 그때 당신의 아들도 태어날 거예요." 라고 약속했다.

1년 후, 푸루라바스는 약속장소로 나갔다. 그곳에는 황금 궁전이 있었고 기다리고 있던 우르바시와 만날 수 있었다. 우르바시는 "내일 아침

아프사라스
Apasaras

간다르바들이 조식을 전해줄 거예요. 그들에게 당신이 원하는 것을 말씀하세요."

푸루라바스가 무엇을 원하면 좋을지 묻자 "당신들의 동료로 삼아주세요."라고 하라며 가르쳐주었다.

다음 날 아침, 간다르바들을 만난 푸루라바스는 우르바시가 시키는 대로 말했다. 간다르바는 우르바시가 낳은 아들과 함께 성화聖火를 제반祭盤에 넣어서 주었다

푸루라바스는 집으로 돌아오는 길에 숲 속에 이 성화를 안치한 후 아이를 데리고 마을로 돌아갔다가 다시 돌아와 보니 불은 자취도 없이 꺼져버리고 그 장소에 아슈바타 나무가 있었다. 푸루라바스는 이 이일을 간다르바에게 알리자 그들은 아슈바타 나무를 서로 비벼서 신성한 불을 만드는 방법을 가르쳐 주었다. 푸루라바스는 그 방법대로 성화를 만들어 제사를 지냈고, 그도 간다르바들의 동료가 될 수 있었다.

› 51 알레리 브라운 | Alleri brown

영국의 심술쟁이 요정 '알레리 브라운'은 피부가 갈색이다. 브라우니
의 일족으로 여겨진다. 길고 노란 머리칼과 수염이 온몸을 돌돌 감고
있어서 무엇을 입고 있는지 모른다. 노인이지만 키는 두 살짜리 어린
아이 정도밖에 안 된다.

사람에게 도움을 받으면 보답 대신 오히려 골탕을 먹인다. 사람에게
어떤 은혜를 받더라도 그 보답은 반드시 원수로 갚는다. 성격이 사악
하다. "보답하지 않겠다면 일을 도와주겠다."고 하면서 농부의 일을
도와주기도 한다. 그런데 만약 실수로 보답이라도 하면 평생 쫓아다니
며 괴롭힌다. 이 심술쟁이 요정에게 친절을 베풀면 정말 위험하다. 우
연히 이 요정과 마주치면 무조건 모르는 척하는 게 상책이다.

우리나라에 '은혜를 원수로 갚는다.'라는 속담이 있다. 알레리 브라운
의 성격에 딱 맞아 떨어지는 속담이다. 알레레 브라운이야말로 은혜를
원수로 갚는 대표적인 요정이다.

* 알레리 브라운
   Alleri brown

알레리 브라운

분포지역: 영국
거주지: 민가 주변
성별: 남
수명: 100년
성격: 괴팍하다
별명: 심술쟁이
특기: 은혜를 원수로 갚기

› 52 알베리히 | Alberich

알베리히는 바그너의 가곡『니벨룽겐의 반지』에서 어두운 악의 세력을 대표하는 존재다.

북유럽 신화의 소인족 요정 '알베리히'는 밤과 어둠에서 나온 음침한 세력이다. 지하 세계 스바르트알바헤임Svartalfaheimr에 산다. 드베르그와 같은 난쟁이지만 물에서 물고기로 변신할 수 있다. 알베리히는 라인 강의 황금을 재료로 만든 반지를 가지면 세상을 지배할 수 있다는 비밀을 알게 됐다. 그는 술수를 부려 황금 반지를 손에 넣었다. 그 힘으로 지하 세계에 황금의 왕국을 세우고 난쟁이들의 왕이 되었다. 그는 황금을 이용하여 세계를 지배할 야망을 품었다.

그런데 악신 '로키Loki'가 그의 지하 왕국으로 찾아와 황금과 황금을 불리는 반지를 모두 빼앗아 갔다. 화가 난 알베리히는 반지에 무서운 저주를 퍼붓고 떠났다.

로키가 알베리히의 황금과 반지를 빼앗은 이유는 흐레이즈마르 Hreidhmarr에게 몸값을 지급하기 위해서였다. 로키는 여행 중에 실수로 흐레이즈마르의 아들을 죽였다. 이 사실을 알게 된 흐레이즈마르는 아들의 복수를 위해 로키를 잡아서 억류했다.

로키는 오딘이 흐레이즈마르에게 몸값을 지급하겠다는 약속을 하고서야 겨우 풀려날 수 있었다. 오딘은 몸값을 지급하기 위해 로키를 알베리히에게 보냈다. 이렇게 해서 황금과 반지는 흐레이즈마르의 수중에 들어갔다. 하지만 알베리히의 저주 때문에 그는 두 아들에게 살해

알베리히
Alberich

알베리히

분포지역: 유럽
거주지: 스바르트알바헤임
성별: 남
수명: 200년
신장: 1m
성격: 권력 지향적이다
별명: 난쟁이들의 왕
특기: 변신술, 저주

당하고 말았다. 그 후로도 알베리히의 저주로 인하여 수많은 영웅이 황금 반지 때문에 목숨을 잃었다.

독일에는 알베리히가 롬바르디Lombardy의 왕 오트니트Otnit를 도와준 전설이 전해지고 있다. 오트니트 왕은 아라비아의 공주에게 구혼하기 위해 그녀가 사는 시리아로 모험을 떠났다. 하지만 오트니트 왕의 청혼은 보기 좋게 거절을 당했다.

공주의 아버지인 술탄은 기독교인에게 딸을 시집보낼 수 없다며 오트니트에게 전쟁을 선포했다. 하지만 전투는 오트니트의 승리로 끝났다. 오트니트는 술탄과 병사들에게 자비를 베풀었고, 술탄은 마음을 돌려 공주와의 결혼을 승낙했다. 오트니트왕이 모험을 무사히 마치고 아름다운 왕비를 맞이하게 된 데는 무엇보다 난쟁이 왕 알베리히의 도움이 컸다.

그는 오트니트에게 마법의 검과 갑옷을 선물했고, 모든 언어를 자유롭게 구사할 수 있는 마법의 조약돌을 주었다. 덕분에 오트니스는 시리아상인으로 변장해서 부하들을 이끌고 항구에 들어갈 수 있었다.

알베리히는 상엄한 경비망을 뚫고 오트니트를 대신해서 술탄에게 청혼의사를 밝혔으며, 공주가 기쁜 마음으로 오트니트의 청혼을 받아들이도록 만들었다. 또 그는 승리한 오트니트에게 술탄과 병사들에게 자비를 베풀도록 설득했다.

만약 알베리히의 도움이 없었다면 오트니트의 모험은 실패로 끝났을지도 모를 일이다.

53 애플트리 맨 | Apple-tree Man

영국의 사과나무 요정 '애플트리 맨'은 과수원의 가장 오래된 사과나무에 산다. 이 요정은 자신이 거주하는 과수원에 도둑이나 침입자가 나타나면 마법의 능력으로 그들을 쫓아낸다.

한 나무에 오래 살기 때문에 과수원의 모든 일을 자기의 손바닥을 보듯 훤히 알고 있다. 동물들의 말을 알아듣는 능력도 있다. 착한 사람들이 어려움을 당하면 그냥 넘기지 못하고 도와준다. 그러나 사람 앞에 나타나지 않고 목소리만 들려준다. 어떤 착하고 성실한 농부에게 황금이 숨겨진 곳을 알려주어 부자로 만들어 주었다는 이야기가 전해지고 있다.

한국에도 옛날에는 마을 입구에 회화나무를 심어 동네의 수호목守護木으로 삼는 풍습이 전해오고 있다. 이 수호목은 잡귀를 막아주며 마을을 보호한다고 믿었다. 지금도 고궁에서 볼 수 있는 웅장한 나무는 대부분 이 회화나무이다. 애플트리 맨은 우리나라의 수호목과 비슷한 존재로 여겨진다.

애플트리 맨

분포지역: **영국**
거주지: **사과나무**
성별: **남**
수명: **200년**
신장: **1m**
성격: **주의 깊다**
별명: **과수원지기**
특기: **마법**

54 에서슬론 | Ellyllon

'에서슬론'은 어려운 사람을 돕는 영국 웨일스의 난쟁이 요정이다. 그들은 어려움에 빠진 사람을 보면 지나치지 못하고 도와주는 착한 마음씨를 지니고 있다. '엘프'와 같은 종족이며 성격이 매우 활달하고 밝다.

'페어리 버터'라고 하는 노란색 독버섯의 즙을 유난히 좋아해서 그 독버섯이 자라는 근처에 집을 짓고 산다.

어려운 사람을 보면 지나치지 못하고 밤에 여러 동료와 함께 찾아가 시끌벅적하게 떠들면서 즐겁게 집안일을 대신해 준다. 이 요정의 도움을 받은 집은 부자가 된다. 그런데 요정들이 일하는 모습을 엿보면 두 번 다시 그 집에 찾아가지 않는다. 하지만 복수를 하지는 않는다.

에서슬론

분포지역: **영국**
거주지: **독버섯 근처**
성별: **남**
수명: **200년**
신장: **1m**
성격: **활기차고 발랄하다**
별명: **난쟁이 요정**
특기: **독버섯 요리**

55 에코 | Echo

보이오티아 헬리콘 산Mount Helicon의 요정 '에코'는 케피소스Cephisus 강에서 살았다. 한때는 헤라의 시중을 들며 제우스의 사랑을 받았다. 이 요정은 수다를 떨며 남의 일에 참견하기를 유난히 좋아했다.

어느 날 제우스가 헤라 몰래 다른 요정과 사랑을 나누고 있을 때 헤라가 그곳에 나타났다. 헤라는 남편인 제우스가 정을 통하는 현장을 덮치려고 했다. 이때 에코가 제우스를 도와주기 위해 나섰다.

그녀는 헤라에게 수다를 떨며 제우스가 그곳을 몰래 떠날 수 있도록 시간을 끌었다. 나중에 그 사실을 알게 된 헤라는 화가 머리끝까지 치밀어 올랐다. 그녀는 에코에게 영원히 남의 말만 따라 하게 하는 저주를 내렸다. 이때부터 에코는 남이 말하기 전에는 먼저 입을 열지 못했고, 다른 사람이 하는 말의 마지막 이야기만 반복하게 되었다.

그 후 에코는 미소년 나르키소스Narcissus를 사랑하게 되었다. 그녀는 나르키소스의 말을 반복하는 것 외에는 다른 말을 하지 못해 의사소통이 이루어지지 않았다. 결국, 사랑을 이루지 못한 에코는 슬픔에 잠겨 돌로 화신化身하였고 아직도 울림의 힘이 남아 메아리가 난다고 한다.

에코에 대한 또 다른 이야기가 있다. 목신牧神 판Pan이 에코를 찬미하며 연정을 품었다. 그러나 에코는 판의 사랑을 외면하고 사티로스Saturos

판Pan: 그리스 신화에 나오는 목신, 헤르메스의 아들로 알려졌으며, 염소의 다리와 뿔을 가진 사람의 모습을 하고 있다. 그는 산과 들에 살면서 가축을 지켰다.
판은 인간에게 악몽을 불어넣거나 나그네에게 갑자기 겁을 주어 놀라게 하는 장난을 즐겼다. 이 때문에 판Pan으로부터 '당황'과 '공황恐慌'을 의미하는 영어 패닉panic이 유래했다.

에코

분포지역: **그리스**
거주지: **케피소스 강**
성별: **여**
수명: **200년**
성격: **명랑하다**
별명: **수다쟁이**
특기: **참견하기**

에코
Echo

를 사랑했다. 앙심을 품은 판은 에코가 말을 하지 못하게 하고 남의 말을 반복하도록 만들었다. 그러자 그녀의 말버릇에 분개한 양치기들이 에코를 갈기갈기 찢어 죽였다. 그러나 대지의 여신인 가이아가 그 시체를 거두어, 말을 반복하는 힘만은 계속 남겨두었다고 한다. 귀엽고 사랑스러운 모습의 요정 에코는 나중엔 모습이 완전히 사라지고 목소리만 남아 메아리가 되고 말았다.

› 56 엔트 | Ent

영국의 요정 '엔트'는 숲에 살며 나무를 돌보는 나무들의 목자이자 숲의 수호신이다. 영국 작가 톨킨의『반지 이야기』와 영화『반지의 제왕』에서 나무모습의 거인 종족으로 등장한다. 영화에서는 정의의 편에 서서 악의 화신 '사우론'에 맞서 싸운다. 나무의 형태를 하고 있으며, 가지가 손, 뿌리가 발이다.

그들은 사람처럼 숲 속을 걸어 다니면서 나무에게 일을 가르치거나 나쁜 나무들을 잠재우고, 나무꾼이 나무를 베지 못하도록 숲을 지켰다. 나무에 해를 입히지 않으면 사람들을 해치지 않는다. 사람의 말을 할 수 있어서 사람과 대화도 가능하다. 나무를 찍는 도끼를 싫어하고 도끼를 든 '드워프Dwarf'들도 싫어한다.

수명이 길어서 6천 살 쯤 살며, 가족을 이루기도 한다. 엔트의 아내를 '엔트 와이프Entwife', 아이들을 '엔팅Ernting'이라 부른다. 사촌으로는 '애플트리 맨Apple-tree Man'과 '그린 맨Green Man'이 있다. 늙은 엔트는 점점 졸음이 쏟아져 정말 나무처럼 되어버린다. 나무가 되어버린 엔트를 '포른'이라고 부른다.

엔트

분포지역: **영국**
거주지: **숲**
성별: **남**
수명: **6,000년**
신장: **4m**
성격: **보수적이다**
별명: **나무들의 목자**
특기: **나무 기르기**

> ## 57 엘더 마더 | Elder Mother

엘더베리Elderberry :
자주 빛 검은색 열매를
가진 딸기류의 식물로 꽃은 엘
더플라워Elderflower라고 부
른다. 잼이나 젤리, 와인을 만
드는 데 주로 이용된다.
민간에서는 감기, 천식, 관절염
등 다양한 질병의 치료에 사용
되었으며 '기적의 열매'로 불
렸다. 유럽에서는 신사들이 엘
더베리의 나무를 지나갈 때마
다 모자를 벗어 경의를 표했다
고 한다.
의학의 아버지로 불리는 히포
크라테스Hippokratēs도 엘더
베리를 '기적의 치료제'라고
부르며 그 효능을 높이 평가했
다. 엘더 베리를 소중하게 여
기는 유럽인들의 마음에서 엘
더 마더에 대한 전설이 만들어
진 것으로 여겨진다.

영국의 요정 '엘더 마더'는 오래된 나무에 사는 나무의 수호신이다. 엘더 마더는 나무를 지키고 보살피는데 어머니가 아기를 사랑하듯 지극정성을 다했다.

사람들은 숲에서 '엘더베리Elderberry'를 딸 때는 반드시 엘더 마더에게 먼저 허락을 받고는 했다. 또 땅을 일구어 밭을 만들 때도 늙은 나무 주변만은 남겨 두었다. 그렇지 않으면 엘더 마더의 분노를 살 수 있기 때문이다.

엘더 마더의 존재를 믿지 않고 겁 없이 엘더 마더가 사는 나무를 자르려 덤빈 사람은 혹독한 대가를 치렀다. 기르던 짐승이 질병으로 죽어 나가거나 심하면 당사자가 목숨을 잃기도 했다. 엘더 마더의 저주와 관련해서는 더비샤이어가족의 이야기가 전해진다.

옛날에 더샤이어 삼 형제가 살았다. 그들의 아버지는 1년에 한 번씩 엘더 마더에게 앵초꽃을 바치며 숭배했다. 아버지는 죽기 전 세 아들에게 엘더 마더를 섬기라는 유언을 남겼다. 그러나 첫째와 둘째 아들은 유언을 저버리고 아버지가 섬기던 나무를 자르려 했다.

그들은 아버지와 달리 요정의 존재를 믿지 않았다. 그런데 나무를 자르려던 첫째 아들과 둘째 아들이 차례로 엘더 마더의 저주로 목숨을 잃고 말았다.

엘더 마더
Elder Mother

엘더 마더

분포지역: **영국**
거주지: **고목**
성별: **여**
수명: **200년**
신장: **1m**
성격: **책임감이 강하다**
별명: **나무들의 엄마**
특기: **저주**

살아남은 셋째 아들만은 그의 아버지처럼 엘더 마더에게 앵초 꽃을 바치는 의식을 이어갔다. 그의 후손들 역시 엘더 마더에게 앵초 꽃 바치기를 잊지 않았다.

› 58 엘프 | Elf

'엘프'는 영국의 요정이다. 엘프Elf라는 단어는 노르딕어와 게르만어인 알파Alfar에서 유래했다. 이 말들은 유럽대륙의 민족이 잉글랜드를 침략했을 때 들어왔다. 알파는 산과 강, 바다를 뜻한다. 알파는 선한 무리와 악한 무리가 있다. 선한 무리는 빛의 요정 리오살파Liosálfar, 악한 무리는 어둠의 요정 되칼파 Döckálfar 라고 한다. 빛의 요정은 하늘에 살고 어둠의 요정은 지하 세계에 산다.

엘프는 세계 곳곳에 여러 모습으로 나타난다. 독일에서는 꿈속에 나타나는 사악한 마귀 즉 몽마Night-mare를 알프Alp라고 부르는데, 인류학자들에 의하면 이 단어는 엘프에서 비롯되었다고 한다. 독일과 영국의 엘프는 재앙 덩어리로 알려졌다. 반면 덴마크의 엘프는 매우 아름답고, 스칸디나비아의 엘프는 신과 함께 악마와 싸운다.

엘프는 왕과 귀족 그리고 평민으로 나뉘며 무리를 짓고 산다. 기사들이 왕을 호위한다. 그들은 인간과 비슷하게 생겼는데 피부가 유난히 희고, 몸매는 가냘프다. 남자든 여자든 금발 머리에 얼굴이 매우 아름다워 바라만 봐도 눈이 부시다. 귀가 인간보다 유난히 길다. 남자도 여자처럼 수염이 없다. 등은 움푹 파여 있다.

엘프는 몸놀림이 빠르고 활 솜씨가 뛰어나다. 마술에 뛰어나다. 시력이 좋아 어둠 속에서도 사물을 본다. 잠을 안 자고도 살기 때문에 풍부

영국에서는 헝클어진 머리카락을 엘프록 elflook이라고 한다. 엘프의 장난 때문에 머리가 엉켰다고 믿기 때문이다.

엘프

분포지역: **영국**
거주지: **엘프 왕국**
성별: **남, 여**
수명: **400년 이상**
신장: **1m 80cm**
성격: **지적이다**
별명: **고대신의 후예**
특기: **활쏘기, 마법**

한 지식을 쌓았다.

수명은 불사신이거나 적어도 400년 이상은 산다. 그들은 인간과는 다른 차원에 왕국을 짓고 사는 것으로 알려졌다. 이들은 인간에게 무한한 동경의 대상이자 공포의 대상이기도 했다. 고대 신의 후예로 여겨져 숭배를 받기도 했다. 보름달이 뜨면 축제를 열고 음악에 맞춰 춤을 즐긴다. 노래와 연주솜씨가 뛰어나고, 춤추기를 무척 좋아한다.

엘프가 춤춘 자리에 녹색이 한층 더 선명한 원이 남는다. 이를 '페어리 링Fairy ring(요정의 고리)'라 부른다. 사람이 그 속에 발을 들여 놓으면 갑자기 눈이 멀거나 이상한 병에 걸려 몸이 마른다. 사람을 유혹할 때도 있다. 드물긴 하지만 사람과 사랑에 빠져 결혼도 한다. 요정과 인간 사이에 태어난 아이는 하프 엘프Half elf라고 부른다.

› 59 오베론 | Oberon

크리스토프 마틴 빌란트Christoph Martin Wieland는 셰익스피어의 『한여름밤의 꿈』에서 영감을 얻어 1784년 장편서사시 『오베론』을 발표했다. 독일 낭만주의 오페라의 아버지로 불리는 카를 마리아 폰 베버Carl Maria von Weber는 빌란트의 동명의 시를 오페라로 작곡하였다.

'오베른'은 요정들의 나라를 다스리는 왕이다. 황금 지붕과 다이아몬드 철탑이 있는 호화로운 궁전에 산다. 키는 세 살짜리 어린아이 정도 된다. 몸집이 작은 이유는 태어날 때 다른 요정의 주술에 걸렸기 때문이다. 정직한 사람이 가지면 아무리 마셔도 줄지 않는 마법의 금잔과 한번 불면 모든 소원을 이뤄주는 상아 뿔피리를 가지고 있다. 독일의 영웅 서사시 『니베룽겐의 반지』에 등장하는 난쟁이들의 왕 알베리히에서 유래되었다고 한다.

윌리엄 셰익스피어William Shakespeare의 『한여름 밤의 꿈』에서는 성미 급한 요정들의 왕으로 등장한다. 오베론의 아내는 요정들의 여왕 '티타니아Titania'이다. 하루는 오베론과 티타니아가 인도에서 온 심부름하는 아이 때문에 서로 심하게 다투었다. 화가 난 오베론은 티타니아가 잠든 사이 그녀의 눈에 마법의 꽃물을 부었다.
꽃물의 약효 때문에 티타니아는 당나귀 머리의 요정 '보툼'을 사랑하게 되었다. 보툼을 사랑하게 된 티타니아는 인도에서 온 소년을 순순히 오베론에게 양보했다.
오베론은 그제야 티타니아에게 걸린 마술을 풀어주었다. 마법에서 깨어난 티타니아는 자신이 보툼과 나눴던 사랑을 전혀 기억하지 못했다.

오베론
Oberon

오베론

분포지역: 영국
거주지: 보석궁전
성별: 남
수명: 400년 이상
신장: 1m 60cm
성격: 완고하다
별명: 요정의 왕
특기: 마법

다만 당나귀 괴물을 사랑하는 나쁜 꿈을 꾸었다고 믿었다. 그 후 오베론과 티타니아는 다시 사이가 좋아졌다.

오베론은 때로 인간과 사랑에 빠지기도 했다. 오베론과 인간 사이에서 태어난 아들이 '로빈 굿펠로우Robin Goodfellow'이다. 오베론은 자신의 왕국으로 아들인 로빈 굿펠로우를 데려다가 요정으로 살아갈 수 있도록 만들어주었다.

› 60 올레르게이에 | Orerugeiyu

덴마크의 요정 '올레르게이'에는 아이들에게 꿈을 선물하는 요정이다. 한 손에는 그림이 그려진 우산을, 다른 손에는 아무것도 안 그려진 우산을 갖고 다닌다. 일곱 가지 색이 반짝이는 비단 저고리를 입고, 신발을 신지 않고 양말만 신고 다닌다.

아이들 눈 속에 잠이 오는 마법의 우유를 불어넣는다. 말을 잘 듣는 아이를 만나면 그 아이의 머리맡에 그림이 있는 우산을 펼쳐 아름답고 신기한 꿈을 보여준다. 그러나 나쁜 아이의 머리 위에는 아무 그림도 없는 우산을 펼쳐 아침까지 꿈을 꾸지 않고 잠자게 한다.

올레르게이는 똑같은 이름을 가진 형제가 있는데 그는 죽은 사람을 저승으로 데려가는 일을 한다.

올레르게이에

분포지역: **덴마크**
거주지: **꿈의 나라**
성별: **남**
수명: **200년**
신장: **1m 70cm**
성격: **사려 깊다**
별명: **꿈을 선물하는 남자**
특기: **꿈꾸게 하기**

› 61 운디네 | Undine

운디네는 '아스트랄계(정신세계)'에 사는 물의 요정이다. 산이나 바다, 숲 등 여러 장소에 산다고도 한다. 물의 요정들은 남녀의 구분이 있고, 가족을 이루고 산다. 폭풍우를 부르고 홍수를 일으키는 등 물을 자유자재로 다룰 수 있다.

운디네는 가냘프고 아름다운 소녀의 모습이며 몸에서 무지개의 빛이 나타난다. 평소에 얌전하지만, 사람에게 배신당하면 반드시 보복한다. 인간과 결혼하면 영혼을 얻을 수 있기 때문에 종종 인간과 사랑에 빠지지만 슬픈 결말을 맺을 때가 많다. 운디네와 결혼한 남편이 물가로 그녀를 데려가거나 욕을 하면 그 요정은 물로 돌아가야만 한다.

운디네와 결혼했던 남자는 재혼을 할 수 없다. 만약 재혼하면 운디네가 그 남자의 목숨을 빼앗아야 한다. 물은 생명의 원천임과 동시에 위험이라는 속성을 가지고 있기 때문이다. 마음씨 고운 여성은 죽은 뒤 물의 정령이 된다는 이야기도 있다.

독일의 작가 푸케 Friedrich de la Motte Fouqué 는 물의 요정을 소재로 '운디네 Undine' 라는 작품을 썼다.

기사 홀트브란트 Huldbrand 는 숲 속을 헤매다가 우연히 물의 요정 운디네를 만났다. 홀트브란트는 운디네와 운명적인 사랑에 빠졌다.

물의요정 운디네의 영향을 받은 작품으로는 안데르센의 '인어공주'가 있다.

운디네는 자신이 물의 정령임을 홀트브란트에게 고백했다. 하지만 그는 운디네를 사랑하는 자신의 마음은 영원히 변하지 않을 것이라며 맹세하고 또 맹세했다. 그날부터 운디네는 홀트브란트의 여자가 되었다.

홀트브란트는 운디네를 아내로 맞아 살기 위해 집으로 돌아왔다. 인간과의 결혼으로 영혼을 얻게 된 운디네의 도시생활은 처음엔 순탄한 듯 보였다. 하지만 사람들이 외부인인 운디네를 멀리하면서 그녀는 사람들로부터 점점 고립되어 갔다. 그런 운디네에게 친구가 되어준 것은 남편 홀트브란트의 연인이었던 베르탈다Bertalda였다. 그녀는 진심으로 운디네와 깊은 우정을 나누었다. 홀트브란트 역시 베르탈다를 순수한 마음으로 대했다.

그러나 우정은 오래가지 못했다. 홀트브란트의 마음이 운디네로부터 멀어져 베르탈다에게 가까워져 갔다. 순수한 마음이 애정의 관계로 발전하면서 두 사람은 노골적으로 운디네를 따돌리기 시작했다. 슬픔에 빠진 운디네는 갈수록 야위어져 갔다.
홀트브란트의 변심은 운디네의 삼촌 퀼레보른 Kühleborn 의 분노를 샀다. 그러나 운디네는 여전히 자신의 남편을 사랑했고 퀼레보른으로 부터 홀트브란트를 보호했다. 하지만 홀트브란트는 그녀의 진심을 외면하고 물가에서 운디네를 비방하지 말라는 금기를 깨뜨렸다. 그는 결국 아내를 배신하고 말았던 것이다. 이제 운디네는 다시 물로 돌아가야만 했다. 그녀는 비통한 마음으로 눈물을 흘리며 강물 속으로 사라져 갔다.

운디네
Undine

운디네
분포지역: 유럽
거주지: 아스트랄계
성별: 여
수명: 100년
신장: 1m 70cm
성격: 온순하다
별명: 물의 요정
특기: 폭풍우를 부르고 홍수 일으키기

운디네가 떠난 후 홀트브란트는 잠시 슬픔에 잠겼다. 그러나 그것도 잠시였다. 그는 곧 베르탈다와 재혼을 하기로 했다. 운디네의 삼촌인 퀼레보른은 홀트브란트의 주변을 맴돌며 복수의 기회를 노렸다.

결혼식 전날 밤, 홀트브란트의 꿈에 운디네가 나타났다. 그녀는 자신이 닫아 둔 우물의 뚜껑을 열면 목숨이 위험하니 절대 열지 말라고 당부했다.

운디네는 여전히 홀트브란트를 사랑했기에 그의 생명을 지켜주려 했다. 그러나 이 사실을 모르는 하인들이 그만 뚜껑을 열어버리고 말았다. 결국 홀트브란트는 우물가에서 나온 물의 정령에게 목숨을 잃고 말았다. 배신한 남자의 목숨을 직접 빼앗아 와야 하는 것은 거부할 수 없는 물의 법칙이었기 때문이다.

❯ 62 임프 | Imp

'임프'는 아일랜드에서만 발견되는 변덕스럽고 교활한 숲의 요정이다. 키가 사람의 엄지손가락 크기인데, 아무리 커도 어린애 크기다. 온몸이 숯검정처럼 검고 새빨간 눈동자에 귀는 뾰족하다. 꼬리는 갈고리 모양을 하고 있다. 자기의 이름을 남이 부르면 싫어한다. 그래서 항상 이름을 숨긴다. 성격이 짓궂고 말썽을 심하게 부린다. 사람 놀리기, 물건 훔치기를 좋아한다.

축축하고 물이 고여 있는 곳, 특히 강둑을 좋아하며 그곳에서 사람들이 방심한 틈을 타서 등을 떠밀거나 발을 걸면서 장난을 친다. 그래서 임프를 작은 악마, 또는 작은 귀신이라고도 부르며 '임펫'이라고도 한다.

드물게 사람을 도와줄 때도 있지만, 그 도움을 빌미로 해서 높은 대가를 요구한다. 그래서 임프의 도움을 받을 때는 절대 경계를 늦추면 안 된다. 중세 때부터 학자나 소설가들이 뿔과 박쥐 날개가 있는 악마로 분류했다. 작품 속의 임프는 주로 마녀의 심부름꾼으로 등장한다. 영국에서 인간을 아내로 맞이하고 싶어 했던 임프의 이야기가 전해 내려오고 있다.

어느 마을에 욕심 많은 어머니와 아름다운 딸이 살았다. 소녀의 아름

임프

분포지역: **아일랜드**
거주지: **숲**
성별: **남**
수명: **100년**
신장: **5cm**
성격: **짓궂다**
별명: **작은 악마**
특기: **사람 놀리기**

다움에 대한 소문은 온 마을과 이웃마을을 거쳐 영주의 귀에까지 들어갔다. 영주는 두 눈으로 직접 그녀의 아름다움을 확인하고 싶어 초라한 그녀의 오두막집을 찾았다. 소문은 사실이었고 영주는 소녀의 아름다운 모습에 마음을 빼앗겼다.

영주의 마음을 눈치 챈 소녀의 어머니는 딸의 자랑을 늘어놓기 시작했다. 그러다가 그만 딸이 하루에 다섯 타래의 실을 뽑을 수 있다는 거짓말을 하고 말았다. 아무리 능숙한 기술자도 하루에 한 개의 실을 잣기가 어려웠다. 그런데 어린 소녀가 다섯 개의 실을 잣는다는 말에 영주는 매우 놀랐다. 영주보다 더 놀란 것은 소녀였다. 사실 그녀는 실 잣는 일을 배운 적도, 해본 적도 없었기 때문이다.

영주는 믿을 수 없다는 듯 그 말이 사실인지를 여러 차례 물었고, 소녀의 어머니는 너무나 당당하게 그렇다고 대답했다.

영주는 그 자리에서 소녀에게 청혼했다. 단, 결혼 후 1년이 되면 마지막 한 달 동안 실을 잣게 하여 그녀의 말이 사실인지 입증하게 할 것이라고 했다. 덧붙여 만약 거짓으로 드러날 경우 소녀를 처형하겠다며 다짐을 받았다.

어머니의 거짓말 덕분에 소녀는 영주에게 시집을 갔다. 영주의 성에서 소녀는 하루하루를 여왕처럼 호화롭게 생활했다. 그러나 시간이 갈수록 소녀의 마음은 불안하기만 했다.

소녀의 마음을 아는지 모르는지 시간은 속절없이 흘러 드디어 약속한 1년의 마지막 달이 되었다. 그날 밤 소녀는 불안한 마음에 잠을 이룰 수 없었다.

그녀는 허황된 거짓말로 자신을 위험에 빠뜨린 어머니와 거짓이 드러나면 처형하겠다는 남편의 비정함을 원망하며 눈물을 흘렸다.

그때 소녀의 눈앞에 난쟁이 하나가 나타났다. 난쟁이는 새빨간 눈동자에 귀는 뾰족했으며, 온 몸이 검고 엉덩이에는 갈고리 모양의 꼬리가 달려있었다. 소녀는 난쟁이의 정체가 이야기로만 듣던 임프 라는 것을 알 수 있었다.

임프는 소녀에게 세상에서 가장 질이 좋은 실을 뽑아주겠다는 제안을 했다. 그 대신 자신의 이름을 알아맞혀야 한다는 조건을 걸었다. 매일 세 가지 이름을 댈 수 있는데, 한 달 안에 자신의 이름을 알아내지 못하면 자신의 아내가 되어야 한다고 했다.

당장 내일부터 질 좋은 실을 영주에게 보여줘야 했던 소녀는 다급한 마음에 임프의 제안을 순순히 받아들였다.

다음 날, 소녀는 물레와 실을 뽑는 재료인 아마가 준비된 방에 갇히게 되었다. 밤이 되자 임프는 창문을 통해 들어와 아마를 가지고 가서는 다음 날 아침 약속대로 다섯 타래의 실을 가져다주었다. 그때마다 소녀는 자신이 추측한대로 임프의 이름을 세 개씩 불러보았다.

그렇게 반복된 소녀의 일과는 어느 덧 영주와 약속한 한 달을 채워가고 있었다. 영주에게 자신의 실 잣는 능력을 입증하게 된 것은 기쁜 일이었지만, 임프가 내건 조건 때문에 그녀는 하루하루 피가 마르고 있었다.

마침내 임프의 이름을 알아내야할 기한은 하루 앞으로 다가왔다. 소녀의 가슴은 바싹 타들어 갔다.

그날 밤, 사냥을 다녀온 영주가 소녀의 방으로 찾아왔다. 그는 다음날이면 끝 날 아내의 실 잣는 일을 응원도 하고 축하도 할 생각이었다. 그런데 기뻐해야할 소녀는 슬픈 표정으로 눈물만 흘렸다. 당황한 영주는 그녀를 위로하기 위해 사냥을 갔다가 겪은 괴상한 이야기를 들려주었다.

숲에서 한 난쟁이를 봤는데 그가 물레질을 하면서 "내 이름은 탐·팃·톳, 즐겁게 실을 뽑지요."라며 노래를 불렀다는 것이다. 뜻밖에 임프의 이름을 알게 된 소녀는 뛸 듯이 기뻤다.

다음 날, 임프는 평소처럼 창문을 통해 들어와 다섯 타래의 실을 건네주었다. 그리고는 소녀를 향해 탐욕스러운 미소를 지었다. 임프의 미소에는 이제 곧 소녀가 자기의 여자가 될 것이라는 자신감이 잔뜩 묻어났다. 소녀는 영주에게 들은 대로 큰 소리로 노래를 불렀다.

"내 이름은 톰 팃 톳, 즐겁게 실을 뽑지요."

그 노래를 들은 임프는 비명을 지르며 도망치더니, 그 후로는 두 번 다시 나타나지 않았다. 그 후 소녀는 영주와 함께 행복하게 살았다고 전해진다.

잔트만 | Sandmann

잔트만은 독일어로 '모래 남자'라는 뜻이다.

독일의 요정 '잔트만'은 잠의 요정이다. 사람에게 마법의 모래를 뿌려 잠을 가져다준다. 외모는 마음씨 좋은 노인처럼 평범하게 생겼다. 마법의 모래를 가득 담은 포대를 짊어지고 다닌다. 포대에서 마법의 모래를 꺼내 사람들에게 뿌리면 잠이 와서 꾸벅꾸벅 존다. 아무리 불면증에 시달리는 사람도 예외가 없다. 악의가 전혀 없고 마음씨 좋은 요정이다. 그런데 아이들에게는 공포의 대상이 되었다.

독일 엄마들이 밤늦도록 잠을 안자는 아이들을 재우려고 겁을 주었기 때문이다. 엄마들은 아이들이 늦도록 잠을 안자면 잔트만이 와서 눈알을 뽑아간다고 했다. 뽑아간 눈알은 잔트만의 아이들이 먹는다고 했다. 그래서 독일의 아이들은 잔트만을 무서워했다.

잔트만

분포지역: **독일**
거주지: **요정의 나라**
성별: **남**
수명: **200년**
신장: **1m 70cm**
성격: **온화하다**
별명: **모래 남자**
특기: **잠들게 만들기**

> **64** 진 | Jinn

다윗왕의 아들인 솔
로몬은 진에게 명령
하여 사원을 짓는 작업에
참여(코란38:38-41)시켰다
고 한다.

아라비아의 요정 '진'은 타락천사 '이블리스Iblis'의 자손이다. 그들은
불가사의하고 오묘한 영적인 세계, 즉 알람 알 말라쿠트 Ālam al-malakūt
의 거주자들로 '정령精靈' 또는 '마신魔神'이라고도 부른다. 왜냐하면,
착한 진도 있고 사악한 진도 있기 때문이다.

어떤 진은 아름답고 이프리트 Ifrīt 와 굴Ghul(영어의 Ghoul '송장 먹는 귀신'이라는 단
어가 유래했다)은 흉측하게 생겼다. 악마샤이탄Shaitan도 진으로 간주하였
다. 그들은 본래 천사였지만 알라신의 명을 거부하여 천사의 본성을
박탈당했다. 이들은 인간 때문에 추방당한 것에 앙심을 품고 인간에게
해를 가하게 되었다. 인간을 죽이거나 지옥으로 끌고 가는데 한 번 끌
려간 인간은 두 번 다시 지상으로 돌아올 수 없다.

천사들은 혼돈의 세계, 즉 알람 알 자바루트Ālam al-malakūt에 속해있어
서 향수 냄새처럼 형태가 없으며 인간에게 나타나기 위하여 신비스러
운 면을 지녀야 한다. 그래서 영적인 형태로만 인간에게 나타날 수 있
다. 진은 인간처럼 자유의지를 소유하고 지성을 부여받아 실재를 파악
할 수 있는 능력과 구원받을 수 있는 능력을 갖추고 있다. 그런 까닭에
진은 종교와 계시를 소유하고 있다.

『코란』에 의하면, 진은 연기 나지 않는 불로 만들어졌다. 진의 수명은
인간의 수명과 비교할 수 없을 만큼 길다. 죽을 때는 대부분 하늘에서

진

분포지역: **아라비아**
거주지: **알람 알 말라쿠트**
성별: **남**
수명: **1000년 이상**
신장: **5m**
성격: **충성스럽다**
별명: **램프의 요정**
특기: **마법**

떨어지는 별똥을 맞고 죽는다. 진짜 모습이 따로 없이 투명할 때가 많다. 몸을 축소하거나 여러 모습으로 변신한다. 하늘을 날며 순간 이동이나 요술도 가능하다.

하룻밤 사이에 궁전을 짓기도 하고, 그 궁전을 다른 곳으로 옮기기도 한다. 진을 물리치려면 램프나 병에 가두어 뚜껑을 닫은 뒤 강력한 마법의 표식을 해두면 된다. 하지만 최고의 마법사만이 이 방법을 사용할 수 있다. 만약 실수나 고의로 진이 탈출하게 되면 이전보다 훨씬 흉포해진다.

신에게 벌을 받아 반지나 램프에 갇혀 있는 진도 있다. 만약 누군가 자기를 풀어주면 감사의 표시로 세 가지 소원을 들어준다. 주종 관계를 맺으면 주인에게 무조건 복종한다. 한편, 『아라비안나이트』에서 진은 램프의 요정이다. 그는 머리가 벗겨지고 메기수염이 난 거인이다.

진은 다섯 단계의 계급으로 나뉜다. 즉 마리드(마령), 샤이탄(악마), 이프리트(귀신) 진(요령), 쟌(악령)등이다. 이들을 모두 진이라고 부른다.

진의 제왕이자 주인은 타락천사 이블리스이다. 그는 흙으로 만든 인간에게 절하라는 알라신의 명을 거역했다. 이블리스를 따르는 몇몇 천사들도 그에게 동조하였다. 이들은 모두 신을 거역한 죄로 천국에서 추방당해서 황량한 사막으로 쫓겨났다. 타락천사들 중 샤이탄Shaytan은 이블리스를 따르는 핵심 추종자로 '지옥에서 태어난 자' 라는 뜻이다.

이프리트는 황야의 제왕으로 불리며 사막과 으슥한 골짜기에 거주한다. 그는 허허벌판을 지나는 나그네를 노리는 사악한 진이다. 회오리 바람이나 흙먼지를 일으키고, 동물의 울음소리나 바람의 탄식 소리를 내서 나그네를 겁준다. 진과 비슷한 존재 혹은 진의 다른 명칭이다.

카일레악 뷰어 | Cailleac Bheur

영국의 요정 '카일레악 뷰어(게일어로 늙은 아내라는 뜻)'는 날씨를 조정하고 나무나 풀을 시들게 하며 동물을 부리고 물을 다스린다. 겨울의 요정이며 '푸른 마귀할멈'으로 불리기도 한다.

카일레악 뷰어는 스코틀랜드 고지대에 겨울을 불러온다. 봄에 돌로 변하여 여름을 나고 겨울에 요정의 모습으로 돌아온다. 얼굴은 추위에 새파랗고 머리카락은 서리가 내린 나뭇가지처럼 희었다. 바짝 마른 어깨에 더러운 체크무늬 망토를 두른 노파의 모습을 하고 있다.

변신 능력이 있어서 돌이나 거인으로 변한다. 늦은 가을에 마법 지팡이를 들고 숲과 공원에서 어슬렁거린다. 그때 지팡이가 풀이나 나무에 닿으면 풀잎은 시들고 나뭇잎이 떨어진다. 서리가 내리고 겨울이 시작되는 것이다.

겨울이 오면 카일레악 뷰어는 기운이 펄펄 솟는다. 왜가리들을 거느리고 이 산과 저 산을 오가며 폭풍우와 눈보라를 대지에 마구 쏟아 붓는다.

인간과 요정의 경계가 모호하던 시절이 지나고 인간의 문명이 고도로 발전하면서 요정들은 숲의 장막으로 숨어버렸다. 오늘날 요정의 모습은 어디에서도 찾아보기 어렵다. 그러나 이 겨울의 요정은 모습을 감춘 채 아직도 계절의 변화에 맞춰 세계 곳곳에서 폭풍우와 눈보라를

카일레악 뷰어

분포지역: **영국**
거주지: **높은 산의 정상**
성별: **여**
수명: **1000년 이상**
신장: **1m 50cm**
성격: **완고하다**
별명: **푸른 마귀할멈**

퍼붓고 있다.

카일레악 뷰어는 왜가리를 특별히 아꼈고, 사슴이나 멧돼지, 염소, 들소, 늑대 등 동물들의 수호요정이기도 하다. 그래서 이 동물들을 키우고 먹이며 사냥꾼으로부터 보호한다.

> ## 66 칼립소 | Calypso

그리스의 요정 칼립소는 전설의 섬 오기기아에서 홀로 산다. 칼립소는 그리스 어로 '감추는 여자'란 뜻이다. 바다의 요정으로 아름다운 여인의 모습을 하고 있다. 칼립소는 그리스 신화의 티탄 족 아틀라스Atlas' 또는 '오케아노스Oceanos'의 딸이라고도 한다. 바다의 요정 '네레이데스Nereids'의 하나이다.

바다의 님프인 네레이데스는 모두 50명으로 제우스와 포세이돈, 아폴론 등 올림포스의 남신들이 모두 사랑했던 테티스Tethys(그리스의 영웅 아킬레우스의 어머니), 포세이돈의 아내인 암피트리테Amphitrite, 프사마테Psamathe, 갈라테이아Galatea가 유명하다.

트로이 전쟁의 영웅 '오디세우스'가 난파를 당해 표류해오자 그를 사랑하여 7년 동안 섬에 붙들어 둔다. 마법으로 사람에게 영원한 삶과 권력, 부를 줄 수 있다. 이것으로 오디세우스를 섬에 남아있도록 유혹했으나 고향을 향한 그리움만은 잠재우지 못했다.

오디세우스를 불쌍하게 여긴 '제우스'는 칼립소에게 헤르메스Hermes를 보내 오디세우스의 귀국을 돕도록 설득했다. 이에 칼립소는 목수의 도구와 재목을 주어 오디세우스의 항해준비를 도왔다. 칼립소가 오디세우스의 아들을 낳았다는 설이 있으며, 그 이름에 대해서는 설이 다양하다.

칼립소

분포지역: **그리스**
거주지: **오오기아 섬**
성별: **여**
수명: **200년 이상**
신장: **1m 70cm**
성격: **적극적이다**
별명: **바다의 요정**
특기: **마법**

› 67 캐트시 | Cait Sith

■ 프랑스작가 샤를 페로 Charles Perrault의 『장화 신은 고양이』에서 캐트시는 꾀를 부려 주인을 돕는 고양이로 그려져 있다. 아일랜드의 민담에 따르면 오월제 May Day(고대 켈트족의 축제) 전야에 고양이들의 왕이 주최하는 비밀집회가 열린다. 집회에 참석한 고양이들은 인간사회에서 보고들은 정보나 비밀스러운 지식을 서로 교환한다.

영국의 요정 '캐트시'는 스코틀랜드의 높은 산악지대에 사는 고양이들의 수호 요정이다. 온몸이 검은색이며, 가슴에 하얀 털이 있다. 이 털은 요정이라는 표식이다. 캐트시의 눈동자는 짙은 녹색이다. 그들은 인간의 말을 알아듣고 대화를 나눌 수도 있다. 평소에 보통 고양이처럼 살지만 당황하면 사람의 말을 하거나 뒷다리로 일어서서 걷는다.

캐트시들은 자기들만의 왕국을 갖고 있는데, 궁전은 나무의 구멍이나 폐가에 있다. 캐트시들도 인간처럼 계급사회를 이루고 있다. 왕국을 다스리는 왕과 신하들이 있고, 병사들도 있다. 캐트시의 왕족들은 몸을 황소만큼 크게 만들 수 있다.

모든 캐트시들은 움직이는 기척을 없앨 수 있다. 그래서 어둠 속에서도 흔적 없이 이동할 수 있다. 성격이 온순하여 사람에게 해를 끼치지 않는다. 그러나 학대를 받으면 학대한 사람을 캐트시의 왕국으로 끌고 간다.

옛날 스코틀랜드를 여행하던 한 청년이 우연히 고양이들의 장례식을 구경했다. 고양이들은 국왕의 장례식을 치르고 있었다. 고향으로 돌아온 청년은 그 사실을 친구들에게 이야기했다. 친구들은 그 말을 믿지

캐트시
Cait Sith

캐트시

분포지역: **스코틀랜드**
거주지: **산악지대**
성별: **남, 여**
수명: **30년**
신장: **50cm**
성격: **지혜롭다**
별명: **장화신은 고양이**
특기: **몸을 늘렸다 줄이기**

않았고 오히려 청년을 비웃었다. 그때 마침 검은 고양이가 지나가다가 청년의 말을 듣고 벌떡 일어서며 소리쳤다.

"고양이 왕의 장례식이라고! 그럼 아버지가 돌아가셨다는 말이야?"

검은 고양이는 흐느끼며 숲을 향해 쏜살같이 달려갔다. 그제야 친구들은 청년의 말을 믿게 되었다.

❯ 68 켄타우로스 |Centaurs

그리스의 '켄타우로스'는 윗몸은 사람, 아랫몸은 말이다. 즉 반은 사람이고 반은 동물인데, 요정의 일종이다. 성격이 교활하고 포악하며 야만스러운 종족이다. 다만 케이론Chiron만은 성질이 온순하고 현명하여 많은 영웅을 가르친 스승이 되었다. 그들은 아폴론과 스틸베 사이에서 태어났다고 하고, 익시온과 그를 속이기 위해 제우스가 헤라와 비슷하게 만든 구름 사이에서 태어났다고도 한다.

켄타우로스족은 원래 테살리아에서 '라피타이Lapithes' 부족과 사이좋게 살았다. 그러나 라피타이의 왕 페이리토오스Peirithous와 히포다메이아Hippodamia의 결혼식장에 초대되어 술에 취해 난동을 부리고 라피타이의 여자들을 범하려고 했다. 그중에 에우리티온은 신부를 유괴하려 하기까지 했다. 그 결과 집단 난투극이 벌어졌고 많은 켄타우로스족이 목숨을 잃었다.

켄타우로스족은 이 일을 문제 삼아 라피타이 족과 전쟁을 했다. 그 전쟁에서 패한 켄타우로스 족은 테살리아에서 쫓겨나 펠리온 산 깊숙이 숨어 살았다.

나중에 그들 가운데 대부분은 '헤라클래스Hercules'의 손에 죽었다. 헤라클레스는 에리만토스산의 멧돼지를 추격하고 있을 때 켄타우로스족

켄타우로스족의 현자賢者 케이론Chiron은 특별한 존재이다. 그는 의술, 예술, 음악, 무술 등에 남다른 능력을 가졌다. 그리스 신화 영웅들의 훌륭한 스승이다. 그는 헤라클레스, 아스클레피오스, 아킬레우스 같은 제자들을 뛰어난 영웅으로 길러냈다.

켄타우로스

분포지역: **그리스**
거주지: **테살리아**
성별: **남**
수명: **200년 이상**
신장: **2m**
성격: **야만적이다**
별명: **난폭자**
특기: **난동부리기**

인 폴로스Pholus에게 극진한 대접을 받았다. 이때 헤라클레스는 구운 고기를 대접받았지만 술은 마시지 못했다.

동굴 속에 아직 개봉하지 않은 술독이 있었지만 폴로스는 그 술독이 디오니소스Dionysos로부터 받은 켄타우로스족 모두의 공유재산이므로 대접할 수 없다고 변명했기 때문이다. 그러자 헤라클레스는 그들의 인색함을 나무라며 술독을 개봉할 것을 강력하게 요구했다. 이렇게 되자 폴로스도 더는 거절하지 못하고 술독을 개봉했다. 그런데 술독이 개봉되자 술 냄새를 맡은 켄타우로스들이 모여들면서 큰 소동이 일어났다. 헤라클레스는 히드라의 독이 묻은 화살로 켄타우로스들을 쫓아냈다. 당시 케이론Chiron은 마레아 반도에 살고 있었는데, 그에게로 도망치는 켄타우로스들에게 헤라클레스는 활을 쏘았다. 그 화살이 엘라토스라는 켄타우로스의 팔을 꿰뚫고 불행하게도 케이론에게까지 상처를 입혔다. 이 부상으로 온몸에 독이 퍼진 케이론은 목숨을 잃고 말았다.

폴로스는 헤라클래스의 화살에 호기심이 발동했다. 그 작은 화살에 거물巨物인 켄타우로스들이 죽어 나자빠지는 것이 너무 신기했다. 그는 화살을 신기한 듯 만져보다가 그만 실수로 발등에 떨어뜨렸다. 독은 삽시간에 온몸으로 퍼져나갔고 폴로스는 결국 목숨을 잃고 말았다. 헤라클레스는 졸지에 스승인 케이론과 벗인 폴로스의 목숨을 잃게 하였다.

켄타우로스들은 이 일로 헤라클레스에게 원한을 품게 되었고 그들 중 네소스는 복수의 기회만을 노렸다. 그리고 기회는 오래지 않아 찾아왔다.

헤라클레스가 데이아네이라Deianeira와 결혼하여 집으로 돌아가던 중 아이톨리아의 에베노스 강에 이르렀을 때, 네소스가 나타나 데이아네이라를 강 건너까지 업어서 건네주겠다고 했다. 헤라클레스는 네소스의 호의를 의심 없이 받아들였다.

그러나 강을 건넌 네소스는 돌변하여 데이아네이라를 범하려 들었다. 화가 난 헤라클레스는 네소스를 향해 독화살을 쏘았다. 네소스는 죽으면서 데이아네이라에게 자기 피를 조금 간직해두라고 했다. 만일 그녀에 대한 헤라클레스의 사랑이 식게 되면 자기 피를 헤라클레스의 속옷에 발라 입히면 사랑이 회복될 것이라고 했다.

데이아네이라는 네소스의 속임수에 넘어가서 그가 시키는 대로 했다. 그 후 데이아네이라는 헤라클레스가 변심할 것이 두려워서 네소스의 피를 바른 속옷을 헤라클레스에게 입혔다. 그러자 헤라클레스는 갑자기 온몸에 불이 붙어 비참한 최후를 마쳤다.

› 69 켈피 | Kelpie

스코틀랜드의 요정 '켈피'는 나무의 요정인데, 실체가 없고 다양한 형상으로 모습을 바꿀 수 있다. 말과 사람으로 변신할 수 있는데 대개는 윤기가 흐르는 잿빛 야생마의 모습으로 나타난다. 발에는 물갈퀴가 있다. 말로 변한 켈피는 사람이 탈 때마다 등이 늘어나기 때문에 한꺼번에 여러 사람을 태울 수도 있다. 켈피는 호숫가 언덕에서 지나가던 사람에게 등을 내주며 유혹한다. 대부분의 사람은 매력적인 켈피의 모습에 이끌려 말의 등에 올라탔다. 일단 사람이 등에 오르면 켈피는 힘차게 호수로 내달린다. 호수의 수면을 가로지르면서 발굽으로 거품을 일으키고, 등에 탄 사람이 공포에 사로잡혀 정신을 잃을 때까지 달리며 장난을 즐긴다. 이 장난은 켈피가 스스로 시시하다고 느낄 때까지 계속된다.

그러나 고삐를 켈피의 목에 걸면 거꾸로 사람의 뜻대로 조종할 수 있다. 그런데 그때 켈피를 심하게 학대하면 대대손손 저주를 받는다. 호수 근처나 물속에서 산다. 여성이나 아이들이 물가에 오면 물속으로 끌고 들어가 죽인다.

아이들의 경우 켈피의 유혹에 넘어가 등에 타면 물보라를 일으키며 물속 깊이 뛰어들어 잡아먹었다. 켈피가 아이를 잡아먹은 다음 날이면 수면에 떠오른 아이의 창자를 볼 수 있다고 한다. 강물을 불려서 지나가던 사람들 물속에 끌어들이기도 한다.

켈피
────────
분포지역: **스코틀랜드**
거주지: **호수 근처**
성별: **남**
수명: **100년**
신장: **실체가 없다**
성격: **잔인하다**
별명: **야생마**
특기: **변신하기**

코불트 | Kobold

독일의 '코불트'는 집 요정으로 자신이 거주하는 집의 집안일을 도와
준다. 작은 아이처럼 생겼고 금발 머리에 붉은 비단 코트를 입고 있다.
마을 주변의 나무둥치나 민가에 살면서 대접을 잘 받으면 집주인에게
여러 가지 도움을 준다.

명랑한 성격을 가지고 있으며, 자신이 사는 집과 그 집의 벽난로를 돌
본다. 특히 하인들이 하는 집안일을 적극적으로 도와준다. 앞일을 내
다보는 능력이 있어서 그 집안에 일어날 나쁜 일을 미리 경고해준다.
하지만 무시당하거나 모욕을 받았다고 느끼면 골치 아픈 문제를 일으
킨다. 마음에 안 드는 사람은 끝까지 괴롭혀 죽이기도 한다.

코불트는 자기가 살고 싶은 집에 나무토막을 넣어 우선 사람들의 반응
을 살핀다. 이때, 코불트의 출입을 막고 싶으면 나무토막을 치워야 한
다. 그러나 코불트가 들어오기를 원하면 그대로 놓아두면 된다.

광부들은 코불트가 광산에 침입해 좋은 금속을 훔쳐가고 그 대신에 쓸
모없는 금속을 놓고 간다고 여겼다. 나중에 과학자들은 그 금속을 '코
발트Cobalt'라고 부르게 되었다.

코볼트

분포지역: **독일**
거주지: **민가**
성별: **남**
수명: **100년**
신장: **80cm**
성격: **명랑하다**
별명: **금속도둑**
특기: **예언의 능력**

코블리노 | Coblynau

영국 웨일스 지방의 요정 '코블리노'는 광산에서 무리를 지어 산다. '고블린'의 일종이다. 키는 50cm 정도. 머리가 크고 몸은 아주 작았다. 항상 광부의 복장처럼 칙칙한 옷을 입고 다닌다.

코블리노는 광산의 요정 '노커'처럼 사람들이 있는 쪽 벽을 똑똑 두드리면서 광부들에게 자신들의 존재를 알렸다. 또 그들이 내는 소리는 주변에 질 좋은 광물이 풍부하게 매장된 것을 광부들에게 알려주는 신호이기도 했다. 그들은 광맥의 위치를 알려줄 뿐만 아니라 광부들에게 곧 닥쳐올 위험을 미리 알려주었다.

굉도가 무너질 위험에 처하면 사방에서 요란하게 소리를 내서 광부들에게 빨리 대피하라고 신호를 보냈다. 광부들은 음식이나 아이들이 입는 옷가지를 굉도 안 외진 구석에 놓아두어 코블리노에게 감사를 표시했다.

광산에서 열심히 일하는 모습이 가끔 광부들에게 목격되기도 했다. 그런데 사실은 일하는 흉내를 낼 뿐이다. 하지만 이들을 보기만 해도 사람에게는 좋은 일이 일어난다. 만약 바보 취급을 당하면 화를 내며 돌을 던진다.

코블리노

분포지역: **영국**
거주지: **광산**
성별: **남**
수명: **30년**
신장: **50cm**
성격: **친절하다**
별명: **광부요정**
특기: **광맥 찾기**

클러리콘 | Cluricaune

아일랜드의 요정 '클러리콘'은 술은 지나치게 좋아해서 아예 가정집 술 창고에 산다. 독신자 요정이며 혼자 사는 표시로 붉은 모자를 쓰고 있다. 가죽 앞치마를 두르고, 신발에는 은 버클이 달려 있다. 키는 사람 어른의 허리에 닿을 정도이며 노인의 모습이다.

집안 하인들과 친하게 어울리며 취하도록 술을 마신다. 술에 취하면 가축의 등에 올라타고 밤새도록 떠들어댄다.

술에 대한 집착이 큰 나머지 자기가 마치 술의 주인처럼 행동할 때도 있다. 그래서 주인의 심부름으로 술을 가지러 온 하인을 창고 밖으로 쫓아내기도 한다. 하지만 술이 새는 술통을 보면 자기 몸으로라도 술이 새는 것을 막아준다. 술 창고를 청소하거나 수리한다. 도둑으로부터 술통을 지켜주고, 그 대가로 창고의 술을 마음껏 마실 수 있는 혜택을 누린다. 항상 술에 취해있지만 말쑥한 옷차림을 하고 있다.

클러리콘

분포지역: **아일랜드**
거주지: **술 창고**
성별: **남**
수명: **100년**
신장: **1m 미만**
성격: **변덕스럽다**
별명: **술꾼**
특기: **술 마시기**

73 클리오드나 | Cliodna

'클리오드나'는 먼 옛날 아일랜드를 다스렸던 영웅적 요정들인 투아 타 데 다난의 딸로 요정의 섬을 다스리는 여왕이다. 그래서 '금발의 클리오드나'라고 부른다.

그녀가 다스리는 요정의 섬에는 세 개의 언덕이 있고 언덕마다 아름다 운 성이 있다. 첫 번째는 하얀색, 두 번째는 황금색, 세 번째는 은색이 었다. 요정의 섬에 마법의 사과나무가 있는데 그 열매를 먹은 사람은 평생 굶주리지 않는다. 그리고 언제고 다시 섬에 꼭 돌아오게 된다. 그 섬의 하루는 인간 세상의 1년과 같다. 클리오드나는 한 번 약속하면 상대가 누구든지 반드시 지킨다.

인간과 한 약속도 예외가 아니다. 사람들에게 상냥하고 친절하며 어려 움에 빠진 사람을 보면 꼭 돕는다. 특히, 아내와 두 동생을 적에게 빼 앗긴 아일랜드 족장을 도와준 이야기는 유명하다.

먼 옛날 카트만이라는 약탈자가 무리를 이끌고 아일랜드 서쪽에 위치 한 작은 부족국가를 침략했다. 그들은 논과 밭을 파괴하고 마을을 약 탈한 뒤 불을 지르고 족장의 부인과 두 동생을 인질로 잡아갔다. 마을 의 족장인 테이그는 아내와 두 동생을 구출하기 위해 항해에 나섰다. 40인의 전사가 그와 함께했고 인질로 잡은 카트만의 부하가 길을 안내했다. 이들의 항해는 한 달간 계속되었지만, 목적지에 이르지 못했다. 테이그 일행이 바다 위에서 점점 지쳐갈 무렵, 강한 바람이 배를 자욱한 안갯속으로 거칠게 밀어 넣었다. 그들은 졸지에 방향을 잃고 말았다.

사나운 파도는 그들을 집어삼키려는 듯 으르렁거렸고 얼음처럼 차가운 바닷물이 배를 집어삼켰다 토해내기를 반복했다. 그들은 거친 파도와 풍랑 속에서 악전고투하며 끔찍한 밤을 지새웠다. 그리고 바람과 파도가 잦아들 무렵 아침이 찾아왔다.

안개는 사라지고 맑은 하늘과 푸른 바다가 훤히 모습을 드러냈다. 모진 밤을 이겨낸 그들 앞에 바다는 보상이라도 하듯 멀리 해안선을 나타내 보였다. 일행은 남은 힘을 모두 끌어올려 육지를 향해 노를 저어 나갔다. 그들이 도착한 곳은 금발의 클리오드나가 다스리는 요정의 섬이었다.

클리오드나는 테이그일행을 반가이 맞아들인 후 융숭한 대접을 했다. 그뿐만이 아니었다. 그녀는 테이그에게 큰 도움을 줄 수 있는 세 가지 선물을 주었다. 첫 번째 선물은 약탈자들의 본거지로 안내할 세 마리의 새였다. 두 번째 선물은 목숨을 지켜주는 에메랄드 성배, 마지막 선물은 테이그의 운명에 대한 예언이었다.

예언에 의하면 테이그는 카트만과 싸워서 승리하고 복수를 한 뒤 가족들을 구출하여 무사히 고향으로 돌아가게 된다. 귀향 후 평화로운 나날을 보내던 테이그는 보이네 강둑에서 야생 수사슴의 뿔에 가슴을 받혀 죽음에 이른다. 예언을 마친 클리오드나는 테이그가 죽음을 맞이하

클리오드나

분포지역: 아일랜드
거주지: 요정의 섬
성별: 여
수명: 400년 이상
신장: 1m 70cm
성격: 사려 깊다
별명: 금발의 클리오드나
특기: 예언의 능력

는 그 순간을 자신도 함께 하겠다고 약속했다.

테이그 일행은 새들의 안내를 받으며 카트만의 본거지로 향했다. 얼마나 시간이 흘렀는지 알 수 없었지만, 일행은 마침내 목적지에 도착했다. 멀리 카트만의 요새가 시야에 들어왔다. 성벽 위로 뾰족 솟은 탑에는 카트만의 깃발이 바람에 펄럭이며 나부끼고 있었다.

그는 정찰을 나갔다가 운 좋게도 인질로 끌려간 동생 에오간을 만날 수 있었다. 에오간은 형수와 또 다른 동생이 무사하다는 소식을 전한 뒤, 곧 적진에서 카트만을 반대하는 세력의 대규모 반란이 일어날 것이라는 사실을 전했다.

에오간과 또 다른 동생도 반란에 가담했으며 그 숫자가 700여 명에 이른다고 했다. 테이그는 뛸 듯이 기뻤다. 예상하지도 못했던 우군이 700명이나 생긴 셈이다. 이미 승리의 면류관을 쓴 느낌이었다.

다음 날, 카트만의 요새에서는 해마다 한 번씩 치러지는 큰 축제가 열렸다. 온종일 춤과 노래가 이어졌고 술과 고기는 떨어지지 않았다. 밤이 깊어서야 축제의 열기는 식고 사람들은 하나둘 잠자리에 들기 시작했다. 그들이 모두 깊은 잠에 떨어졌을 때 테이그의 전사들과 반란군은 일제히 요새를 덮쳤다. 곳곳에서 격렬한 전투가 벌어졌다.

테이그는 치열한 전투의 와중에 카트만과 마주쳤다. 복수의 불길이 테이그의 전신을 휘감았다. 카트만은 거칠고 사납게 테이그를 공격했다. 하지만 테이그의 품속에는 목숨을 지켜주는 성배가 있었다. 카트만은 맹수처럼 사납고 강했지만, 운명의 여신은 이미 그의 패배를 준비해 놓았다. 테이그의 검이 카트만의 머리를 내려친 순간 운명의 여신은 준비된 카트만의 최후를 집행했다.

클리오드나의 예언대로 복수를 마친 테이그는 아내와 두 동생을 데리고 고향으로 돌아왔다.

그리고 평화로운 날들이 흘러갔다. 예언이 성취될 시간도 점점 가까워지고 있었다.

테이그는 보이네 강둑에 누워 운명의 여신에게 자신의 최후를 맡겼다. 흰 수사슴이 나타나 테이그를 공격했을 때 운명의 여신은 그의 최후를 집행했다. 그 순간 테이그는 다시 한 번 금발의 클리오드나를 볼 수 있었다. 그녀는 약속대로 테이그의 마지막 순간을 곁에서 지켜주었다.

> ## ⑦ 클리티에 | Clytie

그리스의 '클리티에'는 긴 머리의 아름다운 소녀 요정이다. 바빌로니아의 왕 오르카모스Orchamus가 에우리노메Eurynome와의 사이에서 낳은 딸이며, 레우코토에Leucothoe와는 자매지간이다.

클리티에는 우연히 태양신 헬리오스Helios'를 보고 사랑의 마음을 품는다. 그때부터 강가에 앉아 눈이 부신 줄도 모르고 태양만을 바라본다. 그런 어느 날, 숲에 사냥 나온 헬리오스와 마주친다. 클리티에는 떨리는 마음을 누르고 용기를 내어 사랑을 고백하지만, 거절당하고 마음에 상처만 남는다. 그 상처 때문에 클리티에는 물과 음식을 모두 끊고 몹시 괴로워한다. 그러면서도 헬리오스의 모습을 보려고 계속 하늘만 바라본다. 한 자리에서 두고두고 하늘만 보던 클리티에는 결국 쓰러져 몸은 대지에 뿌리를 내렸고 얼굴은 해바라기 꽃이 되었다. 그 후로 해바라기는 변하지 않는 마음의 표징으로 널리 사랑을 받고 있다.

오비디우스의 『변신이야기』에 따르면, 미의 여신 아프로디테Aphrodite는 전쟁의 신 아레스Ares와 몰래 사랑을 나누다가 남편인 헤파이스토스Hephaistos에게 현장을 잡혀 큰 망신을 당했다.

헤파이스토스에게 두 신의 불륜을 알려준 것은 태양신 헬리오스였다. 아프로디테는 그 일로 헬리오스에게 앙심을 품게 되었다. 그녀는 아들

클리티에

분포지역: **그리스**
거주지: **강가**
성별: **여**
수명: **20년**
신장: **1m 60cm**
성격: **집착이 강하다**
별명: **해바라기**
특기: **태양 쳐다보기**

에로스를 시켜 사랑의 화살로 헬리오스를 쏘게 했다. 사랑의 화살을 맞은 헬리오스는 레우코토에Leucothoe라는 처녀에게 마음을 빼앗겼고, 다른 여인에게 전혀 관심을 두지 않았다. 헬리오스가 클리티에를 멀리한 것도 그 이유였다.

레우코토에는 클리티에와 자매지간이다. 헬리오스는 에우리노메로 변신해서 레우코토에에게 접근한 뒤 그녀와 정을 통했다. 이 사실을 알게 된 클리티에는 질투심에 불타올랐다. 그녀는 레우코토에가 헬리오스에게 순결을 잃었다는 소문을 퍼트렸다. 그 소문은 곧 아버지 오르카모스왕의 귀에까지 들어갔다.

오르카모스 왕은 격노하여 딸을 불러서 소문의 사실 여부를 추궁했다. 레우코토에는 태양신의 강압 때문에 당한 일이어서 자신은 아무 잘못이 없다고 강변했다. 하지만 분노로 이성을 잃은 오르카모스는 그 말을 믿지 않고 딸을 산 채로 매장했다.

슬픔에 빠진 헬리오스는 그녀가 죽은 곳에 신들이 마시는 넥타르를 뿌렸는데, 그곳에서 유향나무가 자라났다.

 클리티에는 레우코토에가 죽은 뒤에도 헬리오스의 마음을 얻지 못하자 크게 상심했다. 그녀는 9일 동안 식음을 전폐한 채 태양만 쳐다보다가 결국 쓰러져, 몸은 대지에 뿌리를 내렸고 얼굴은 꽃이 되었다. 클리티에는 해바라기가 되어 오직 태양만을 바라보는 존재가 되었다. 토마스 무어Thomas Moore는 해바라기 꽃에 대해 이렇게 노래하고 있다.

참사랑을 아는 마음은 결코 잊지 않고

클리티에
Clytie

한결같은 마음으로 끝까지 사랑한다.
저 해바라기가 해 뜰 때 보낸 눈길을
해질 때까지 거두지 않는 것처럼

> ## 75 키르케 | Circe

피쿠스Picus: 그리스
로마 신화에 나오는 반
신반인半神半人으로 마녀 키
르케의 사랑을 거부했다가 주
술에 걸려 딱따구리로 변신하
였다. 크로노스의 아들로 알려
졌다.

그리스 신화의 요정 키르케는 '독수리'를 의미한다. 태양신 헬리오스
Helios와 대양의 여신인 페르세이스Perseis의 딸이다. 코르키스 왕 아이
에테스Aeetes의 여동생으로 새벽의 섬Island of the Dawn에 산다. 이 섬은
후에 그리스로마 작가들에 의해 이탈리아 서해안의 키르케이의 반도
와 동일시되었다. 요정보다는 여신에 가깝다는 주장도 있다. 질투심이
강하고 이기적이며 마법에 능해서 '마녀 키르케'로 불린다. 그녀는 자
신을 화나게 하거나 적으로 여기면 모두 동물로 만들어 버렸다.

라티움의 왕 피쿠스Picus는 어느 날 숲 속에서 사냥하고 있었다. 키르
케는 피쿠스를 보자 첫눈에 반했다. 그녀는 피쿠스에게 다가가려 했으
나 피쿠스는 키르케에게 꺼지라고 명했다. 사랑을 거부당한 키르케는
분노로 몸을 떨었다. 그녀는 멧돼지 허깨비를 만들어 피쿠스를 덤불로
유인한 뒤 주문을 걸어 딱따구리로 만들어버렸다.
키르케는 또 질투심에 눈이 멀어 요정 '스킬라Skylla'를 괴물로 만들기
도 했다. 바다의 신 글라우코스Glaucos는 스킬라를 사랑했다. 그는 키르
케에게 스킬라가 자기를 좋아하게 만드는 마법의 약을 부탁했다. 그런
데 키르케는 글라우코스에게 연정을 품고 사랑을 고백했다. 그러나 글
라우코스가 거부하자 키르케는 질투심에 불타 스킬라를 괴물로 만들

키르케

분포지역: 그리스
거주지: 새벽의 섬
성별: 여
수명: 300년 이상
신장: 1m 70cm
성격: 이기적이다
별명: 마녀 키르케
특기: 마법

었다. 괴물로 변한 스킬라는 메시나 해협의 카리브디스와 반대쪽 동굴에 숨어 살게 되었다.

이아손Iason과 메데이아Medeia가 아이에테스로부터 도망가던 중 제우스의 명으로 압시르토스 살해의 죄를 키르케에게 용서를 받으러 왔다. 그러나 메데이아의 고모인 키르케는 메데이아가 친동생인 압시르토스Apsyrtos를 살해한 사실을 알고 나서 분노했다. 키르케는 메데이아가 자신의 조카딸임에도 불구하고 그들을 내쫓았다.

키르케는 자신이 다스리는 섬에 침입한 사람들에게 요술을 부려 짐승으로 만들었다. 트로이 전쟁의 영웅 '오디세우스Odysseus'가 아이아이에 섬에 왔을 때, 섬을 정탐하기 위해 보낸 선발대로 나섰던 사람들은 에우리로코스를 제외하고 모두 돼지로 변했다.

오디세우스는 부하들을 구출하기 위해 가던 중 헤르메스를 만나 키르케의 마법을 물리치는 방법을 배웠다. 그 덕분에 오디세우스는 키르케의 마법을 물리치고 부하들을 구할 수 있었다.

오디세우스는 새벽의 섬에서 키르케와 1년간 살았다. 그가 떠날 때 키르케는 고향으로 갈 수 있는 항로를 가르쳐주고 하데스가 다스리는 저승세계로 가서 죽은 자의 영에게 지시를 받으라고 충고했다.

키르케는 오디세우스의 아들 '텔레고노스Telegonus'를 낳았다. 전승에 따르면 키르케가 낳은 오디세우스의 아들은 모두 세 명이라고 전해진다.

› 76 키클로프스 | Kyklops

그리스 신화의 키플로프스(둥근 눈)는 외눈박이 거인이다. 헤시도오스의 『신통기』에 따르면 우라노스Uranus(하늘)와 가이아Gaia(땅)는 아르게스Arges(섬광), 브론테스Brontes(우레), 스테로페스Steropes(번개), 세 명의 키클로프스를 아들로 두었다고 했다. 우라노스는 이들 세 명의 키클로프스를 다른 자식들과 함께 타르타로스Tartaros에 유폐시켰다.

크로노스는 아버지인 우라노스를 거세한 뒤 키클로프스들을 해방했다가 다시 타르타로스에 가두었다. 나중에 제우스에 의해서 해방되어 시칠리아 섬에서 살게 되었다. 그들은 시칠리아 섬의 화산 밑에 대장간을 세우고, 신들이 좋아하는 무기와 전차를 만들었다. 제우스의 천둥과 번개 그리고 벼락, 포세이돈의 삼지창, 모자를 쓰면 모습이 보이지 않게 되는 하데스의 모자가 그들의 작품이다.

제우스가 그들이 만든 번개로 아폴론의 아들인 아스클레피오스Asklepios를 죽이자 이에 앙심을 품은 아폴론이 키클로프스들을 모두 죽이고 말았다.

호메로스는 키클로프스들을 시칠리아 섬에 사는 외눈박이 거인으로 묘사했다. 그들은 목축 생활을 하는 야만스런 종족으로 성격이 포악했다. 오디세우스 일행이 그들의 섬에 도착했을 때 폴리페모스Polyphemus(키클로포스 중 한 명으로 바다의 신 포세이돈의 아들)는 오디세우스의 부하 6

키클로프스는 '둥근 눈 orb-eyed' 이라는 뜻이다. 그들은 솜씨가 뛰어난 대장장이들로서 제우스의 천둥과 번개 그리고 벼락, 포세이돈의 창 '트리아이나Triaina', 하데스의 마법 투구 '퀴네에Kynee'를 만들었다.

키클로프스

분포지역: 그리스
거주지: 시칠리아 섬
성별: 남
수명: 200년
신장: 4m
성격: 포악하다
별명: 외눈박이 거인
특기: 마법의 물건 만들기

명을 잡아먹었다. 오디세우스는 그를 술에 취해 잠들게 한 뒤 불에 달군 곤봉 끝으로 그의 눈을 찔러 장님으로 만들었다. 그런 뒤 폴리페모스의 양을 훔쳐 눈을 잃고 고통에 몸부림치는 그를 남겨둔 채 섬을 빠져나갔다. 이 일로 포세이돈의 미움을 산 오디세우스는 고향으로 돌아가는 길에 수많은 고난을 겪으며 대가를 치러야만 했다.

› 77 키키모라 | Kikimora

키키모라는 슬라브 인들에게 가정의 여신으로 숭배를 받았다. 또 다른 가정의 여신으로 빵 굽는 것을 도와주는 '두그 나이'가 있다.

슬라브인들은 북쪽의 폴란드에서 남쪽의 세르비아와 마케도니아에 이르는 중부유럽과 동부유럽의 광대한 지역에서 살고 있다. 그들은 집에 관련된 일을 도와주는 가정의 여신을 여럿 숭배하고 있었다. 그중 하나는 가정주부를 돕는 요정 '키키모라'다.

그녀는 머리에 두건을 쓴 깡마른 난쟁이 소녀의 모습으로 귀는 늑대의 귀, 입은 새의 뾰족한 부리, 발은 닭발이다.

이 요정은 식구들이 잠든 밤에 주로 활동한다. 부지런한 주부를 좋아해서 그녀의 베 짜기를 거들거나 집안일을 대신했다. 그러나 게으른 주부는 몹시 싫어한다. 게으른 주부가 있는 집의 아이들에게 악몽을 꾸게 해서 매일 밤 울렸다. 그러면 주부는 고사리로 끓인 차를 가지고 부엌에 있는 모든 그릇을 깨끗이 문질러서 닦아야만 했다.

키키모라는 기도에 게으른 주부도 싫어했다. 그런 주부의 베 짜는 실을 엉망으로 해놓아 일부러 골탕을 먹이고는 했다. 이처럼 키키모라는 여자, 특히 가정주부에게 특별한 관심과 애정을 가졌다. 하지만 요정의 호의에도 불구하고 조심해야 할 것이 있다. 무슨 일이 있어도 요정의 모습을 보려고 해선 안 된다는 것이다.

키키모라의 모습을 보거나 실 잣는 소리를 들으면 불행한 일이 생기기 때문이다.

키키모라

분포지역: 러시아와 폴란드, 세르비아
거주지: 민가
성별: 여
수명: 300년 이상
신장: 1m
성격: 보수적이다
별명: 가정의 여신
특기: 악몽 꾸게 하기

› **78** 킬무리스 | Killmoulis

영국의 요정 '킬무리스'는 스코틀랜드 시골 마을의 물레방앗간에 산
다. 사람처럼 생겼지만, 코가 유난히 크고 입이 없어서 우스꽝스럽다.
어린아이들처럼 장난을 좋아하고 수다스럽다. 사람을 대신해서 물레
방앗간을 관리하고 위험에서 지켜주는 수호요정이다.

물레방앗간에 안 좋은 일이 생기려고 하면 사람들에게 미리 알려 준
다. 물레방앗간을 사람들 못지않게 사랑한다. 농부들이 곡식을 빻을
때 도와주기도 한다. 하지만 일을 하면서 보리에 재를 뿌리는 장난을
하거나 시끄럽게 떠들기 때문에 오히려 방해되기도 한다.

킬무리스

분포지역: **영국**
거주지: **물레방앗간**
성별: **남**
수명: **100년**
신장: **50cm**
성격: **수다스럽다**
별명: **물레방앗간의 수호요정**
특기: **예언의 능력**

탐 린 | Tam Lin

잉글랜드와 스코틀랜드 접경 지역의 북쪽에는 '카터로Carterhaugh' 숲으로 불리는 곳이 있다. 그곳은 사람의 발길이 미치지 않는 요정들만의 영토였다. 요정들은 그곳에서 춤을 추거나 노래를 불렀고, 가끔은 요란한 잔치를 벌이고는 했다. 그들은 혹시라도 모를 방해꾼(인간)을 피하려고 파수꾼들을 세웠다. 사람들은 이 파수꾼들을 '요정기사' 라고 불렀다.

인간들은 숲의 파수꾼들인 요정기사를 무척 두려워했다. 그들은 요정들을 위해서라면 무슨 일이든 거침이 없었다. 자칫 숲에 들어갔다가 잡힌 사람은 늪에 처박히거나 가시덤불 옷을 입혀서 살갗을 다 찢어놓곤 했다. 그뿐만 아니라 금반지나 녹색 망토를 바쳐야만 했다. 사람들은 이 숲을 두려워하며 절대로 가까이 가려 하지 않았다.

그런데 이웃 성에 사는 '쟈넷' 이라는 처녀가 길을 잃고 그만 카터로 숲에 들어가게 되었다. 쟈넷은 달콤한 향기와 아름다운 꽃에 이끌려 요정들의 장미정원에 이르렀다.

쟈넷은 장미넝쿨에 다가가 꽃이 세 송이 피어있는 가지를 꺾었다. 그때 천둥 벼락같은 호통소리가 들려왔다. 쟈넷은 그제야 자신이 요정의 숲에 들어온 사실을 깨닫고 황급히 용서를 빌었다.

탐린
Tam Lin

쟈넷의 앞에 모습을 드러낸 파수꾼은 젊고 잘생긴 청년, 바로 요정기사 탐 린이었다. 그는 아름답고 매력적인 쟈넷의 모습을 보고 잠시 할 말을 잊었다. 쟈넷 역시 탐 린의 멋진 모습에 마음을 빼앗겼다.

운명은 두 사람을 사랑의 끈으로 꽁꽁 동여매었다. 그들은 첫눈에 서로의 매력에 강하게 이끌렸고, 머지않아 연인이 되었다.

탐 린은 쟈넷에게 자신은 원래 요정이 아니며 록스버러Roxburgh백작의 손자라고 밝혔다. 열세 살이 되던 해 그는 어른들을 따라 사냥을 나섰다가 길을 잃고 요정의 숲에 들어갔다.

요정 여왕은 그에게 마법을 걸어 인간세계로 돌아갈 수 없게 만든 뒤 요정의 숲을 지키는 파수꾼으로 세웠다. 그때부터 탐 린은 낮에는 요정여왕의 장미정원을 지키고 밤에는 요정여왕을 호위하는 기사로 일했다.

그 사실을 알게 된 쟈넷은 요정여왕의 마법에서 사랑하는 연인을 구하기로 마음먹었다. 쟈넷은 탐 린에게 자신의 결심을 밝히고 방법을 물었다. 그러나 탐 린은 한사코 쟈넷을 만류했다. 자칫 사랑하는 연인이 위험에 빠져 목숨을 잃을 수도 있었기 때문이다. 하지만 쟈넷의 결심은 확고했다. 쟈넷의 사랑과 용기에 감동한 탐 린은 결국 요정여왕의 마법을 푸는 방법을 자세히 알려주었다.

모든 성인의 날 전야, 쟈넷은 탐 린이 일러준 대로 우유 한 동이를 가지고 요정의 숲으로 숨어들었다. 자정이 되자 청아한 피리 소리와 부드러운 수금 선율이 바람을 타고 들려왔다.

탐 린

분포지역: 잉글랜드와 스코틀랜드
거주지: 카터로 숲
성별: 남
수명: 80년
신장: 1m 80m
성격: 조심스럽다
별명: 요정기사
특기: 검술

잠시 후 반딧불 떼가 하늘을 뒤덮으며 숲 속을 훤히 밝혔다. 말굴레가 짤랑거리는 소리와 함께 요정의 무리가 모습을 나타냈다. 그들은 모두 말을 타고 있었다.

검은 말을 탄 요정여왕이 앞장서고 다른 요정들이 그 뒤를 따랐다. 요정기사들은 맨 뒤에서 요정들의 행렬을 호위하며 따랐다. 그중에 탐 린의 모습도 보였다.

탐 린이 가까이 다가오자 쟈넷은 재빨리 뛰쳐나가 탐 린을 말에서 끌어 내렸다. 그리고는 그의 몸을 두 팔로 힘껏 끌어안았다. 갑작스러운 상황에 요정들이 술렁거렸다.

요정여왕은 싸늘한 눈초리로 탐 린을 노려보면서 마법을 걸었다. 그 순간 탐 린의 몸은 도롱뇽으로 변했다. 이미 쟈넷은 탐 린으로부터 어떤 상황이 벌어질지 예상하고 있었다. 그녀는 두 손을 오므려 도롱뇽이 도망가지 못하도록 했다. 그러자 요정여왕은 다시 한 번 마법을 걸었다. 도롱뇽은 거대한 뱀으로 변했다.

뱀은 이내 쟈넷의 몸을 휘감더니 목까지 조여 왔다. 차가운 냉기가 가슴까지 파고들면서 숨이 막혀왔지만 쟈넷은 당황하지 않고 결사적으로 뱀을 끌어안았다.

요정여왕은 화가 나서 더욱 맹렬한 기세로 주문을 외웠다. 뱀은 다시 거대한 곰으로 변했다. 곰은 날카로운 이빨을 드러내며 으르렁거렸다. 그래도 쟈넷은 꿋꿋이 버텨냈다.

요정여왕의 두 눈은 분노로 이글거렸다. 그녀는 두 팔을 들어 올리더니 다시 한 번 맹렬한 기세로 주문을 쏟아냈다. 이번엔 백조였다.

백조는 커다란 날개를 퍼덕이며 부리로 쟈넷의 얼굴을 마구 쪼아댔다. 하지만 쟈넷은 백조를 움켜잡은 손을 풀지 않았다. 백조의 몸부림이 끝나갈 무렵 쟈넷은 온몸에 뜨거운 열기를 느꼈다. 백조는 어느새 불에 달군 뜨거운 쇠막대기로 변해있었다. 쟈넷은 너무 뜨거워서 하마터면 쇠막대기를 떨어트릴 뻔했다.

이것이 마지막 시험이라는 것을 그녀는 잘 알고 있었다. 살이 타들어가는 고통을 꾹 참고 그녀는 미리 준비해온 우유 동이에 쇠막대기를 집어넣었다.

차가운 우유에 쇠막대기의 열기가 식으면서 '치지 직' 소리와 함께 희뿌연 김이 뭉게뭉게 피어올랐다. 김이 바람에 흩어져 사라질 즈음 우유 동이 속에서 발가벗은 몸의 탐 린이 걸어 나왔다. 요정여왕의 마법이 풀어지고 인간으로 다시 돌아온 것이다. 쟈넷은 망토를 벗어 탐린의 몸을 감쌌다. 이제 싸움은 끝났다. 요정여왕은 싸늘한 표정으로 두 사람을 노려보더니 이내 긴 한숨을 내쉬며 탄식하듯 말했다.

"탐 린, 사랑의 힘으로 내 마법을 깨뜨릴 줄은 상상도 못 했다. 넌 이제 자유의 몸이다."

여왕은 말머리를 돌려 무리를 이끌고 숲 속으로 사라졌다. 사랑하는 연인의 도움으로 요정기사 탐 린은 다시 인간 세상으로 돌아올 수 있었다.

〉⑧⓪ 트롤 | Troll

북유럽의 요정 트롤은 매우 흉측하게 생겼다. 키가 크고 피부는 바위처럼 딱딱하며 등에 커다란 혹이 있다. 코는 허리까지 길게 늘어졌고 멧돼지처럼 긴 어금니가 입 밖으로 튀어나와있다. 엉덩이에는 짐승의 기다란 꼬리가 있고 발톱은 길고 예리하다. 트롤은 변신을 잘하고, 앞날을 내다보기도 한다. 하지만 머리가 나쁘다. 스칸디나비아의 여러 나라에서 산다.

북유럽신화에 의하면 '요툰헤임Jötunheimr'에 살던 거인들이 신과의 전쟁에 패하여 무능한 트롤이 되었다고 한다.

트롤은 사람의 물건을 훔치는 버릇이 있다. 가끔 사람의 아이를 훔치기도 한다. 그때는 사람의 아이 대신 나이가 든 트롤을 아이 모습으로 둔갑시켜 사람에게 양육을 받게 한다. 나이 든 트롤은 아기 어머니가 보살펴주는 것을 좋아한다. 그러나 오래가지는 못한다. 마법으로 모습을 바꾸긴 했지만, 요정의 습성까지 바꾸기는 어렵기 때문이다. 트롤은 정체가 탄로 나면 납치된 아이를 대부분 집으로 돌려보낸다.

트롤이 아이를 납치하는 이유는 인간의 생명력과 다산성을 요정 세계로 들여오려는 열망 때문이다. 그들은 요정의 허약하고 노쇠한 혈통을 보강하기 위해서 인간의 힘과 재능이 필요했다. 아이를 훔칠 때는 주로 세례를 받지 않은 아이를 선호했다. 아이를 규정하고 인간 세계에

노르웨이의 극작가 헨리크 입센 Henrik Ibsen은 1867년에 희극「페르귄트」를 발표했다. 이 작품은 주인공 페르귄트가 세계를 방랑하고 고향에 돌아와 아내인 솔베이지의 사랑을 깨닫게 되기까지 과정을 그리고 있다.
트롤의 무리는 페르귄트가 주변의 지저분한 것들을 보지 못하게 하려고 그의 눈을 뽑아버렸다. 이 작품으로 트롤의 존재는 널리 알려지게 되었다.

257

트롤

분포지역: **아일랜드**

거주지: **숲**

성별: **남**

수명: **200년**

신장: **3m**

성격: **우직하다**

별명: **유괴범**

특기: **변신술, 예언의 능력**

묶어둘 이름이 없기 때문이다.

사람들은 요정으로부터 아이를 보호하기 위해 요람에 가위를 벌린 채 매달아 두었다. 엇갈리는 두 날이 십자가를 닮았고, 요정이 철을 두려워했기 때문이다. 아이 아버지의 바지를 요람에 걸쳐두거나 마늘을 다발로 묶어 요람 옆에 매어두기도 했다.

요정에게 납치되는 것은 비단 아이들만은 아니었다. 산파도 요정의 출산에 불려가는 일이 허다했고, 젖이 나오는 유모도 요정 아기를 위해 납치되었다. 소년들이 요정의 노예로 끌려가 하인이 되거나 그들의 영토를 지키는 파수꾼이 되기도 했다. 처녀들은 납치당해서 요정의 아내나 연인이 되는 경우도 있었다.

› 81 팅커벨 | Tinker Bell

영국 소설가 겸 극작가 제임스 메튜 배리 James Matthew Barrie는 동화『피터 팬』에서 팅크 벨을 작은 불꽃으로 묘사했다.

영국의 요정 팅커벨은 크기가 어른 손가락만큼 작다. 영원히 늙지 않는 나라 '네버랜드'에 산다. 날개가 달린 몸에서 빛이 난다. 팅커 벨이 사람에게 마법가루를 뿌리면 그 사람은 날 수 있게 된다. 사람들에게 친절하지만 피터 팬을 좋아하는 '웬디'를 질투하여 심술을 부린다.

몸의 빛이 사라지면 팅커벨의 목숨도 없어진다. 그러나 아이들이 세상에 요정이 있다고 믿으면 그 믿음 때문에 다시 살아난다. 팅커벨이 피터 팬 대신 후크선장이 몰래 넣은 독약을 먹고 죽어가자 피터 팬은 이렇게 외쳤다.

"여러분, 요정이 있다는 것을 믿으세요? 믿는다면 모두 손뼉을 쳐서 팅커벨이 죽지 않도록 해주세요."

팅커벨

분포지역: **영국**
거주지: **네버랜드**
성별: **여**
수명: **100년 이상**
신장: **5cm**
성격: **친절하다**
별명: **작은 불꽃**
특기: **마법의 가루 만들기**

파 > 82 파댜르그 | Far Darring

파댜르그'는 '붉은 옷을 입은 남자'라는 뜻이다. 이 요정은 '레프러콘'이나 '클러라콘'의 일종이다. 요정 중에 붉은 모자를 쓰고 있는 요정들이 종종 있는데, 붉은 모자는 '혼자 사는 것'을 상징한다.

아일랜드의 요정 '파댜르그'는 항상 붉은 모자와 붉은 코트를 입고 다녔다. 그래서 '붉은 옷을 입은 남자'로 불렸다. 키는 어린아이 정도이다. 성격이 매우 괴팍한 데다 장난 또한 무척 심하다. 사람의 등에 시체를 올려놓아 놀라게 하면서 무척 즐거워한다.

날씨가 추워지면 사람들이 사는 마을로 찾아와서 따뜻한 곳에서 몸을 녹이게 해달라고 부탁한다. 이때 난롯가로 안내하여 자리를 권하면 매일 찾아오고 좋은 일도 생긴다. 거절하면 불행한 일이 생긴다.

파댜르그

분포지역: **아일랜드**
거주자: **민가주변**
성별: **남**
수명: **100년**
신장: **1m**
성격: **괴팍하다**
별명: **붉은 옷을 입은 남자**
특기: **놀라게 하기**

› 83 파주주 | Pazuzu

영화「엑소시스트」에서 파주주는 메뚜기의 악마(귀신)로 등장한다. 바람을 타고 와서 모든 것을 먹어치우는 메뚜기 떼는 마왕 파주주의 성격과 매우 닮아있다.

이라크의 '파주주'는 사악한 바람의 요정이다. 사자와 사람, 매와 전갈을 두루 합친 모습이며 늘 찌푸린 표정을 하고 다닌다. 성격이 변덕스럽고 사나우며 포악하다. 하늘을 날며 두 날개로 뜨거운 바람을 일으킨다.

파주주가 일으킨 뜨거운 바람에 닿은 사람은 두통과 구토를 일으킨다. 파주주 때문에 생긴 병을 고치려면 제물을 바치거나 신에게 기도해야 한다. 그래서 고대 메소포타미아 사람들은 파주주를 '바람', '남서풍의 마왕', 또는 '악마'라고도 불렀다.

바빌로니아 사람들은 집안을 보호하기 위해 흉측스럽게 생긴 '파주주'의 머리와 몸의 모형을 만들어서 집안에 두기도 했다. 그들에게 이 형상은 부적과 같은 용도로 사용되었다.

파주주는 '라마시투Lamashtu'라는 아내가 있다. 그녀는 사람처럼 생겼지만, 사자의 머리와 나귀 이빨을 가졌다. 열병을 일으키고 어린애를 채가거나 병에 걸리게 해서 피를 빨아 먹는다. 라마시투는 그리스 신화에 등장하는 라미아의 토대가 되었다는 설이 있다.

바람의 요정 실프와 파주주는 천적관계이다. 파주주의 공격을 받은 어느 마을이 실프의 도움으로 평화를 되찾았다는 이야기가 전해지고 있다.

파주주

분포지역: **이라크**

거주지: **사막**

성별: **남**

수명: **1000년 이상**

신장: **3m**

성격: **변덕스럽고 포악하다**

별명: **남서풍의 마왕**

특기: **뜨거운 바람 일으키기**

› 84 파한 | Fachan

한국의 도깨비 중 '독각귀'와 매우 유사한 존재이다.

영국 스코틀랜드의 요정 '파한'은 높은 산의 꼭대기에서 산다. 눈과 다리와 팔이 모두 하나밖에 없는 괴상한 모습이다. 팔은 특이하게도 가슴 한복판에 달려있다.

대머리에 긴 수염이 자라있고, 사슴 모피를 입고 다닌다. 사악한 고블린의 일종이며 '작은 마물'로 불리기도 한다. 하지만 켈트 신화에 등장하는 거인 족의 후손이라는 이야기도 있다.

파한
Fachan

파한

분포지역: **영국**
거주지: **고산지대**
성별: **남**
수명: **30년**
신장: **1m**
성격: **사악하다**
별명: **작은 마물**
특기: **외발로 걷기**

›85 페그 오닐 | Peg O' Neil

영국의 요정 '페그 오닐'은 랭커셔 지방의 리블 강에 산다. 사악한 물의 요정으로 피부가 시체처럼 푸르스름하고 소녀처럼 생겼다.

7년에 한 번씩 사람을 산 제물로 익사시킨다. 원래 페그 오닐은 '워드 홀'이라는 저택의 하녀였다. 어느 추운 겨울밤, 그 집 안주인이 하녀 페그 오닐에게 우물물을 길어 오라고 시켰다. 페그 오닐은 어두운 밤길을 가다가 그만 얼어붙은 길에서 미끄러져 넘어졌다. 그때 목이 부러져 죽었는데, 억울하게 죽은 영혼이 원한을 품고 사악한 요정으로 다시 태어났다. 우리나라의 물귀신 또는 처녀 귀신과 같은 존재로 여겨진다.

페그 오닐

분포지역: **영국**
거주지: **리블 강**
성별: **여**
수명: **100년 이상**
신장: **1m 50cm**
성격: **사악하다**
별명: **물귀신**
특기: **익사시키기**

› **86** 페그 파울러 | Peg Powler

영국의 티즈 강에 사는 '페그 파울러'는 사악한 물의 요정이다. 긴 머리에 날카로운 이빨을 가졌다. 머리칼은 녹색이고 두 팔은 유난히 길다.

페그 파울러는 하루 종일 자신이 사는 강을 오가며 사람의 목숨을 찾아 헤맨다. 그러다가 강가에서 노는 아이들을 보면 물속으로 잡아끌고 들어간다.

티즈 강 상류의 수면에는 물거품이 많은데, 아이들은 그 거품을 '페그 파울러의 부글부글 거품'이라고 부르며 무서워했다. 이 요정을 존재를 아는 아이들에게는 강물조차도 두려움의 대상이었다.

페그 파울러

분포지역: **영국**
거주지: **티즈 강**
성별: **여**
수명: **100년 이상**
신장: **1m 60cm**
성격: **잔인하다**
별명: **사악한 물의 요정**
특기: **물속으로 잡아끌기**

› **87** 페노제리 | Fenoderee

영국의 요정 '페노제리'는 섬에서 산다. 원래 '브라우니'와 같은 종족이었으나 동족들에게 쫓겨났다. 그러나 브라우니보다 몸이 더 크고 온몸이 털북숭이에 힘도 세다. 아직 브라우니였을 때, 한 소녀와 사랑에 빠져서 댄스에 열중한 나머지 요정 브라우니들의 축제에 빠지고 말았다.

축제에 참석하기는 브라우니 요정들에게 의무이다. 즉 무슨 일이 있어도 지켜야만 하는 법이었다. 법을 어기고 축제에 참석하지 않은 요정은 무거운 벌을 받아서 무리에서 쫓겨났다. 쫓겨난 브라우니는 새로운 일족을 이루었다. 그들이 바로 페노제리이다.

페노제리
Fenoderee

페노제리

분포지역: **영국**
거주지: **섬**
성별: **남**
수명: **100년**
신장: **1m 20cm**
성격: **낭만적이다**
별명: **쫓겨난 브라우니**
특기: **댄스**

› 88 페리 | Peri

페리에 대한 전승은 한국의 옛이야기 '선녀와 나무꾼'과 매우 유사하다.

아리비아의 요정 페리는 사람보다 훨씬 오래 살고 늘 젊다. 『코란』, 『아라비안나이트』에 따르면, 페리는 불에서 태어난 바람의 요정이다. 남자 페리는 위엄이 넘치고, 여자 페리는 눈부시게 아름답다. 둘 다 하얀 비둘기 날개를 가진 옷을 입는다. 날개옷을 입으면 비둘기로 변신할 수 있다. 페리의 집은 하늘 높이 날지 않으면 갈수 없는 험한 산, 또는 물 속 깊이 잠수하지 않으면 못 가는 깊은 샘물 바닥에 있다. 만약 날개옷을 잃으면 집에 돌아갈 수 없다. 페리는 사람들처럼 무리를 지어서 살고 아이도 낳는다.

한 사냥꾼이 우연히 페리가 목욕하는 모습을 목격했다. 그는 페리의 아름다움에 반해서 그녀의 날개옷을 숨겼다. 사냥꾼은 날개옷을 구실로 그녀에게 결혼을 요구했다. 날개옷이 없어서 집으로 돌아갈 수 없었던 페리는 어쩔 수 없이 사냥꾼의 요구를 들어주었다. 세월이 흘러 둘 사이에 자식이 생겼지만, 사냥꾼은 여전히 날개옷을 돌려주지 않았다. 페리는 어쩔 수 없이 꾀를 냈다. 날개옷을 돌려주면 집에 가서 보석을 가지고 오겠다고 하자 사냥꾼은 그제야 옷을 내주었다. 날개옷을 입은 페리는 재빨리 아이를 안고 하늘로 높이 올라갔다.

사냥꾼은 속은 것을 알았지만 때는 이미 늦었다. 그는 두 번 다시 아내와 아들을 볼 수 없었다.

페리

분포지역: 아라비아
거주지: 험한 산
성별: 남, 여
수명: 500년 이상
신장: 1m 70cm
성격: 온순하다
별명: 바람의 요정
특기: 변신술

› 89 페이 | Fey

유럽의 '페이'는 마법을 부리는 여자요정들이며, 주로 기사들의 수호요정이다. 숲 속의 샘이나 호수에 살고 있다. 기사들을 길러내서 시험하고 지키며 그의 죽음까지 지켜본다. 보통 때는 인자한 중년 여성의 모습이다. 그런데 마술을 이용하면 바라는 대로 젊어지거나 아름다워질 수 있다. 또 재산도 원하는 만큼 가질 수 있다.

한편, 페이는 기사들뿐만 아니라 착한 마음씨를 가진 이를 잘 돕는다. 동화『신데렐라』에서 마법을 이용하여, 마음씨 착한 신데렐라를 도와주고, 동화『잠자는 숲 속의 미녀』에서는 마녀의 저주에 걸린 공주를 돕기 위해 100년 동안 깊은 잠에 빠지게 한다. 대표적인 페이는 호수의 귀부인으로 불리는 프랑스의 '비비안Viviane', 영국의 마녀 '모건르 페이Morgan le Fay', 기사들의 수호요정인 영국의 '니뮤에Nimue'가 있다.

페이
Fey

페이

분포지역: 유럽
거주지: 샘이나 호수
성별: 여
수명: 200년 이상
신장: 1m 70cm
성격: 사려 깊다
별명: 기사들의 수호요정
특기: 마법

› 90 폴레비크 | Polevik

러시아의 요정 '폴레비크'는 들판을 지키는 수호 요정이다. 진흙으로 빚은 사람처럼 생겼다. 몸 표면에는 긴 풀이 빽빽하게 나 있으며 오른쪽 눈과 왼쪽 눈의 색이 서로 다르다. 몸은 땅 색깔이고 머리카락은 풀 색깔이다. 러시아 북부가 아닌 모든 들판에 산다. 들판 하나에 하나의 폴레비크가 산다. 그들은 행동이 민첩하고 재빠르다. 키를 마음대로 늘이거나 줄일 수 있기 때문에 사람의 눈에 띄는 경우는 거의 없다.

폴레비크는 오후가 되면 조랑말을 타고 논밭을 산책하는 것을 즐겼다. 게으른 농부를 싫어하고 부지런한 농부를 좋아한다.

부지런한 농부의 밭에 침입자가 나타나면 쫓아주었다. 밀밭 가운데서 낮잠을 자는 게으른 농부를 발견하면 엉덩이를 걷어차거나 흙덩이를 퍼붓고, 때로는 자기 아이들을 시켜 때렸다. 때로는 이유 없이 사람을 괴롭히며, 밤길을 가는 나그네를 골탕 먹이기도 했다. 특히 술에 취해 주정을 부리는 사람을 싫어해서 심한 경우 목숨을 빼앗았다.

폴레비크와 친해지려면 달걀 두 개와 울지 못하는 늙은 수탉을 제물로 바치면 된다.

폴레비크가 여자로 변하면 '폴루드니차Polodnitza'가 된다. 폴루드니차는 러시아 북부 지방의 들판에 살면서 들판이나 보리밭을 지키는 수호

폴레비크
Polevik

폴레비크

분포지역: **러시아**
거주지: **들판**
성별: **남**
수명: **100년 이상**
신장: **1m**
성격: **융통성이 없다**
별명: **들판의 수호요정**
특기: **키를 늘리거나 줄이기**

요정이다.

흰옷을 입은 아름다운 여인의 모습이며 여자 요정 중 가장 키가 크다.
자기의 키를 작게 줄일 수도 있다. 이들은 한낮에 일하는 사람들을 싫
어한다. 그들의 머리를 잡아당기며 괴롭히거나, 농장 일꾼의 아이를
밀밭으로 유인해서 길을 잃고 헤매게 만든다.

> ⑨⑨ 푸카 |Pooka

아일랜드의 요정 '푸카'는 인간의 집에 살면서 집안일을 도와준다. 의리가 있어서 자신에게 친절을 베푼 사람에게 꼭 보답했다. 주로 한밤중에 몰래 들어와서는 빨래와 다리미질, 설거지와 집 안 청소를 말끔하게 해치운다. 평범한 어린아이처럼 생겼다.

자신에게 장난을 치거나 상처를 주면 잔인하게 보복한다. 푸카가 인간을 괴롭히거나 심술을 부리는 것은 대부분 인간에게 상처를 받았기 때문이다.

인간에게 실망해서 인간 세상을 등진 푸카는 고약한 성격으로 바뀐다. 외진 산과 폐허에 살면서 마법을 이용해 사람들을 괴롭힌다.

말로 변신하기를 좋아한다. 귀여운 말로 변신하고 있다가 사람이 올라타면 기다렸다는 듯이 내달려 내동댕이친다. 또 사람을 등에 태운 채밤새도록 달리다 새벽에 그 사람을 외딴곳에 버려두고 간다.

푸카의 집에서 잠을 자면 밤새 악몽에 시달린다. 술 취한 사람에게도 악몽을 꾸게 한다. 밤이면 민가로 찾아들어 접시를 깨거나 가구들을 부수며 소동을 일으켜서 사람들을 괴롭힌다. 낮에는 밭을 가는 소를 놀라게 해서 일을 방해하기도 한다.

게으름만 피우는 하인은 천벌을 받아 푸카가 된다는 이야기가 있다. 하지만 사람에게 고마움의 표시로 윗도리를 선물로 받으면 천벌이 풀

푸카

분포지역: **아일랜드**
거주지: **외진 산과 폐가**
성별: **남**
수명: **100년 이상**
신장: **1m**
성격: **고약하다**
별명: **장난꾸러기**
특기: **변신술**

려 승천하게 된다.

웨일스의 만마스셔 지방에는 오래전부터 푸카에 대한 이야기가 전해
져오고 있다. 한 농장에 게으른 하녀가 있었다. 그녀는 매일 늦잠을 잤
고, 대낮에도 빈둥거리며 게으름을 피웠다. 하지만 주인은 그런 하녀
를 오히려 칭찬했다. 다른 일꾼들은 그 하녀를 몹시 부러워했다.
하지만 주인이 그녀를 칭찬하는 데는 그만한 이유가 있었다. 남들이
보기엔 빈둥거려 보여도 하녀는 언제나 두 사람 몫의 일을 해치웠기
때문이었다.
그 하녀에게는 남들이 모르는 비밀이 있었다. 그녀는 매일 밤 푸카에게
죽을 선물했는데, 그 보답으로 푸카는 하녀의 일을 대신해주었다. 그러
던 어느 날, 하녀는 갑자기 장난기가 발동해서 푸카를 골려주기로 했
다. 푸카에게 평소 주던 죽 대신 그 날은 오줌을 접시에 담아 놓았다.
다음 날 이른 새벽, 곤히 잠들어있던 하녀는 누군가 거칠게 흔들어 깨
우는 바람에 잠에서 깨어났다. 푸카가 성이 잔뜩 난 얼굴로 그녀를 노
려보고 있었다.
푸카는 식식거리며 하녀를 침대에서 끌어 내리더니 때리기 시작했다.
발로 차고, 주먹으로 때리고, 거꾸로 집어 던지며 숨 쉴 틈도 없이 구
타가 이어졌다.
하녀는 울며불며 용서를 빌었지만, 소용이 없었다. 푸카의 주먹과 발
길질은 소동에 잠이 깬 다른 일꾼들이 몰려왔을 때야 비로소 멈췄다.
하녀의 장난에 대한 푸카의 보복은 잔인했다. 그 일 후로 푸카는 그 농
장에 두 번 다시 나타나지 않았다고 한다.

❯ 92 피그마이오스 | Pygmaios

피그미(Pygmy.명사)는 어른의 평균 신장이 150cm 이하인 종족을 가리킨다. 아프리카나 동남아시아, 호주, 남아메리카에 산다. 피부는 황갈색. 원시림에서 원시적인 수렵 및 채집 생활을 하고 있다. 그들의 수명은 보통 16세~24세로 매우 짧다.

그리스 신화의 요정 '피그마이오스'는 키가 35cm 정도로 매우 작다. 지금의 아프리카 나일 강 주변과 인도 등지에 살았다. 변신능력이 있어서 침입자로부터 옥수수 밭을 지킬 때는 양으로 변신했다. 겨울에 두루미들이 무리를 지어 피그마이오스 마을로 찾아왔다. 그러면 피그마이오스 마을은 비상이 걸렸다. 두루미들이 옥수수 밭을 망치기 때문이다.

피그마이오스들은 한 해의 4분의 1을 두루미와 전쟁하며 보냈다. 그 전쟁 때문에 피그마이오스들은 모든 종류의 새를 싫어했다. 새들의 알이나 새집은 보면 모두 파괴했다.

신화에 따르면, 피그마이오스들이 인간인 처녀를 신으로 숭배하였기 때문에 헤라 여신의 분노를 샀다. 헤라 여신은 두루미로 변해 피그마이오스들을 공격했다.

피그마이오스들은 그리스 신화의 영웅 헤라클레스를 공격한 적도 있다. 헤라클레스는 이집트에서 거인 안티오스와 싸운 뒤 지쳐 나일 강 언저리에서 잠이 들어버렸다. 피그마이오스들은 헤라클레스를 침입자로 여겨 공격했다. 그 공격에 잠이 깬 헤라클레스는 사자의 가죽으로 피그마이오스들을 한꺼번에 싸서 궁정으로 돌아가 에우리테우스 왕에게 바쳤다.

피그마이오스

분포지역: **그리스**
거주지: **나일 강 주변**
성별: **남, 여**
수명: **24세**
신장: **35cm**
성격: **낙천적이다**
별명: **난쟁이**
특기: **변신술**

› 93 픽시 | Pixy

영국의 요정 '픽시'는 마법을 부리며 변신술에도 뛰어나다. 몸은
20cm 정도. 사람의 손에 올릴 수도 있다. 입이 크고, 머리는 빨갛고,
코는 위로 휘어져 있다.

항상 녹색 옷을 입고 다닌다. 사람들에게 친절하고 사람의 말도 한다.
농부들이 추수할 때 몰래 밀의 타작을 도왔다. 밤마다 헛간에서 도리
깨질을 했고, 타작된 밀과 짚 다발을 깔끔하게 정리해두었다.

농부들은 헛간 구석에 빵과 치즈를 놓아두어 픽시에게 고마움을 표시
했다. 타작이 다 끝난 후에도 픽시들의 타작은 계속되었고 그때마다
농부는 빵과 치즈로 답례했다. 이러한 교환은 계속되었고, 픽시는 헛
간이 곡식으로 넘쳐날 때까지 타작을 멈추지 않았다.

농부는 픽시들이 타작한 밀이 어디서 가져온 것인지는 관심이 없었다.
거저 행운으로 생각하며 픽시에게 빵과 치즈로 답례할 뿐이었다.

사실 픽시는 마법으로 밀을 만들고 헛간을 가득 채울 수 있었다. 그들
의 능력으로 볼 때 군이 농부로부터 빵과 치즈를 얻을 필요가 없다. 단
지 농부들의 성의를 감사와 신뢰의 인사로 여겼을 것이다.

그들은 인간을 위해 노동을 마다하지 않고 기꺼이 도움을 주었다. 픽
시는 이렇게 인간과 우호 관계를 지속했다. 한 번 인간과 친구가 되면
그가 죽고 난 뒤 무덤을 지킬 만큼 의리가 깊었다.

픽시
Pixy

픽시

분포지역: **영국**
거주지: **민가**
성별: **남, 여**
수명: **30년**
신장: **20cm**
성격: **사교적이다**
별명: **작은 요정**
특기: **마법과 변신술**

영국 남서부의 서머셋, 데번, 콘월 등지의 숲에 무리를 지어 산다. 픽시는 픽시들끼리 동그랗게 둘러서서 원을 그리며 곤충이나 개구리울음에 맞춰 밤새 춤추기를 좋아한다.

픽시들이 춤을 춘 자리에 '페어리링Fairy ring' 이라는 원이 생긴다. 사람들이 이 원에 발을 들여놓으면 몹시 화를 내며 저주를 하거나 죽이기도 한다. 픽시는 사람의 눈에 안 보이지만 네 잎 클로버를 머리에 얹으면 볼 수 있다.

› ⑨④ 픽트 | Pics

영국의 요정 '픽트'는 스코틀랜드의 작은 언덕에 산다. '팻호'라고도 부른다. 이들은 건축에 뛰어난 재능과 기술을 가졌다. 일할 때는 협동심이 무척 강하다. 아무리 높은 성이라도 서로 협력해서 하룻밤이면 충분히 완성한다. 그래서 스코틀랜드 사람들은, 오래된 성은 모두 픽트가 쌓았다고 믿을 정도였다. 키는 1m 정도이며, 빨간 머리에 모자를 쓰고 다니는 난쟁이다. 그러나 몸과 비교하면 팔과 손은 유난히 길고 발은 기형적으로 넓다. 발이 얼마나 넓은지, 비가 오는 날 물구나무를 서면 비를 막을 수 있을 정도다. 원래 요정이 아니고 스코틀랜드 원주민이라는 이야기도 있다.

픽트

분포지역: 영국
거주지: **스코틀랜드의 언덕**
성별: **남**
수명: **70년**
신장: **1m**
성격: **성실하다**
별명: **스코틀랜드 원주민**
특기: **건축기술**

95 하베트롯 | Habetrot

영국의 요정 '하베트롯'은 잉글랜드 지방에서 실 잣는 사람들을 지켜
준다. 물레의 수호요정이다. 온종일 숲에서 물레를 돌려 실을 잣는다.
너무 열심히 실을 잣느라고 입술이 두꺼워지고 손에 물집이 심하게 잡
혀 흉측한 모습이 되어 버렸다. 그래서 하베트롯을 처음 만난 사람은
그 모습을 보고 무척 놀란다. 그러나 주름진 얼굴에 가득한 인자한 미
소를 보면 친할머니를 대하듯 곧 편안해진다.

사람들에게 친절하며 특히 실을 못 잣는 처녀들을 잘 도와준다. 하베
트롯은 물레를 돌려 잣는 실로 셔츠를 만든다. 그 옷은 어떤 불치병도
치료할 수 있는 신비로운 힘이 담겨있다고 한다. 스코틀랜드에서는 이
요정의 도움을 받은 처녀의 이야기가 전해진다.

어느 작은 마을에 매우 아름답고 마음씨도 고운 처녀가 살았다. 하지
만 처녀는 매우 게을렀기 때문에 그녀의 어머니는 늘 딸의 장래를 걱
정했다. 당시엔 처녀들이 좋은 집안에 시집가려면 물레질을 잘해야 했
다. 그리고 부지런해야 했다.

그런데 처녀는 게으른 데다 물레질까지 못 했다. 그러다 보니 처녀의
어머니는 딸 걱정으로 잠까지 설쳤다. 어느 날 아침, 처녀의 어머니는
딸의 장래를 위해서 독한 결심을 했다.

어머니는 일곱 개의 털 뭉치를 딸에게 내주면서 사흘 안에 모두 실을 뽑으라고 했다. 만약 못 끝내면 집에서 쫓아내겠다며 으름장을 놓았다. 처녀는 평소와 다른 서슬 퍼런 어머니의 모습에 크게 당황하면서 고민에 빠졌다.

그녀는 속상한 마음도 달랠 겸 뒷동산으로 산책하러 나갔다. 그때 숲 속에서 물레질 소리가 들려왔다. 소리가 난 곳으로 가보니 웬 노파가 물레질하고 있었다. 그런데 노파의 물레질 솜씨가 어찌나 뛰어난지 신기에 가까울 정도였다. 알고 보니 노파의 정체는 바로 물레의 요정 하베트롯이었다. 처녀의 고민을 듣고 난 요정은 도움을 자청하고 나섰다. 단 자신이 도와준 사실을 아무에게도 말해서는 안 된다는 조건이 붙었다. 하베트롯은 순식간에 처녀가 필요로 하는 분량의 실을 뽑아주었다.

그 날 이후 처녀는 마을에서 유명인사가 되었다. 사흘 만에 일곱 개의 실 뭉치를 뽑았다는 것은 굉장한 솜씨였기 때문이다. 그 덕분에 처녀는 그 지방을 다스리는 영주와 결혼할 수 있었다.

그런 어느 날, 영주의 성에 귀한 손님들이 찾아오기로 했는데 영주는 그들에게 부인의 솜씨를 자랑하고 싶어 했다. 난처해진 그녀는 하베트롯을 찾아가 도움을 청했다.

하베트롯은 걱정하지 말고 며칠 뒤 보름달이 떠오르면 영주와 함께 자신을 찾아오라고 했다. 마침내 보름달이 대지를 훤히 밝히자 영주와 그의 부인은 하베트롯을 찾아갔다.

영주는 하베트롯의 크고 일그러진 얼굴에 흉측한 입술을 보며 '어쩌면 저렇게 못생겼을까' 라며 속으로 혀를 끌끌 찼다. 하베트롯은 영주

하베트롯
Habetrot

하베트롯

분포지역: **영국**
거주지: **숲**
성별: **여**
수명: **200년**
신장: **1m 60cm**
성격: **온화하다**
별명: **물레의 요정**
특기: **실 잣는 기술**

의 속마음을 간파하고 이렇게 말했다.

"저도 예전에는 부인처럼 무척 예뻤답니다. 그러나 쉬지 않고 실을 뽑다보니 입술이 이렇게 일그러지고 말았지요."

그 말을 들은 영주는 큰 충격을 받았다. 그 날 이후 영주는 부인을 물레 근처에도 가지 못하게 했다. 덕분에 그녀는 물레질하지 않고도 행복하게 살았다.

〉96 호빗 | Hobbit

영국의 요정 '호빗'은 키가 사람의 절반 정도이며 난쟁이와는 달리 수염이 없다. 평균 수명은 100살이며 33세가 되어야 어른으로 인정을 받는다.

짧은 갈색의 곱슬머리, 동그란 얼굴, 부드럽고 맑은 눈, 뾰족한 귀, 둥근 몸통에 배는 불룩하다. 손가락은 길고 발바닥은 가죽 창처럼 두껍고 튼튼하며 갈색 털로 덮여 있다. 그런 독특한 발 때문에 신발을 신지 않는다.

천성적으로 낙천적이며 선량하다. 노래하기, 맥주 마시기, 버섯 따기, 파이프 담배를 피우는 것을 좋아한다. 그들은 선조와 상식과 풍요를 긍지로 여기기 때문에 과도하거나 모험적인 행동을 싫어한다. 겁이 많고 온순하지만 궁지에 몰리면 용맹스러워졌다. 시력이 좋아서 활 솜씨에 뛰어나고 돌팔매로 목표물을 정확히 타격할 수 있다.

처음에는 땅속에 난 구멍이나 굴에서 살았지만, 시간이 지날수록 풀이 많은 언덕의 경사면에 집을 짓고 살게 되었다.

종족끼리 마을을 형성하고 살면서 자신들의 터전을 떠나는 일이 거의 없다. 채소나 곡물을 재배하고 정원에 화초를 가꾸며 가축을 돌보고 버섯을 기르며 일생을 보낸다. 그들은 먹는 것을 즐겼으며 하루에 여

영국 옥스퍼드 대학에서 중세 영어와 고대 서사문학을 가르치던 존 로널드 로웰 톨킨John Ronald Reuel Tolkien이 1937년 자신의 아이들에게 들려줄 목적으로 『호비트』를 썼다. 『반지의 제왕』에 나오는 난쟁이족이나 '포로도' 역시 호빗 족이다. 톨킨의 친구이자 케임브리지 대학 교수였던 클라이브 스테이플즈 루이스Clive Staples Lewis는 7부작 판타지 『나니아 나라 이야기』를 발표했다. 톨킨과 루이스의 작품에는 모두 요정이 등장한다.

호빗

분포지역: **영국**
거주지: **언덕**
성별: **남**
수명: **100년**
신장: **1m**
성격: **온순하다**
별명: **겁쟁이**
특기: **활쏘기**

섯 번 식사한다. 쾌활하고 착실한 성격에 질서를 중히 여기며 종족 간의 유대가 강하다. 자신의 집을 떠나 낯선 곳으로 여행을 가거나 모험하는 것을 싫어한다.

2003년 인도네시아 플로레스 섬에서 고대 소인족 '호모 플로레시엔시스Homo floresiensis'의 유골이 발견되어 학계를 놀라게 했다. 이 유골은 호주 울릉공대학The University of Wollongong의 교수 모어우드가 발견했으며 일명 '호빗족'이란 별칭이 붙었다. 고고학계에서는 '호빗'이라는 새로운 인종이 실제로 존재했다는 주장과 단순히 고대인이 병에 걸려 난쟁이처럼 변한 것이라는 반론이 대립하고 있다. 아직도 학계 논란은 계속되고 있지만, 톨킨이 만든 가상의 '호빗족'이 어쩌면 실제로 존재했을 수도 있다.

> ## 97 힌첼만 | Hinzelmann

코볼트와 같은 종족이다. 예언이나 경고도 하고 광부들에게 금광의 위치를 가르쳐 주기도 한다.

힌첼만이란 이름은 힌체Hinze라는 어느 고양이의 이름에서 유래했다고 전해진다.

영국의 '힌첼만'은 조그만 어린아이 모습에 빨간 코트 차림을 하고 있다. 뤼네베르크 근처의 성에 산다고 전해진다. 사람에게 상냥하고 친절하다. 주로 성이나 민가에 더부살이 하면서, 설거지, 요리, 청소하기 등의 집안일들을 대신해준다. 우유를 좋아해서 일해 준 보답으로 집주인이 우유 한 잔을 주면 만족한다. 하지만 우유를 주지 않으면 빵을 까맣게 태우거나 말을 풀어놓아 사람들을 곤경에 빠뜨린다.

장난을 잘 치고, 자기 흉을 보면 싫어한다. 누군가 자기의 흉을 보거나 싫어하는 행동을 하면 방으로 들어가 기분 나쁜 웃음소리를 내며 소란을 피운다. 착한 사람의 집에는 행운을 가져다준다.

힌첼만
Hinzelmann

힌첼만

분포지역: **영국**
거주지: **뤼네베르크 근처의 성**
성별: **여**
수명: **100년**
신장: **80cm**
성격: **상냥하다**
별명: **빨간 코트**
특기: **예언의 능력**

● **참고 문헌** | BIBLIOGRAPHY

모리세 료.『북유럽신화사전』. 김훈 역. 비즈 앤 비즈. 2014

최연숙.『민담 상징 무의식』. 영남대학교. 2007

양승욱.『세상의 모든 요정이야기』. 안그라픽스. 2006

타임라이프.『물의 유혹』. 김명주 역. 분홍개구리. 2005

타임라이프.『세상을 재단한 왕의 아들 난쟁이』. 김기영 역. 분홍개구리. 2005

타임라이프.『요람을 흔드는 요정』. 박종윤 역. 분홍개구리. 2005

필립 윌킨스.『신화와 전설 그 기원과 의미를 찾아서』. 김병화 역. 북21. 2010

장영란.『장영란의 그리스신화 』. 살림. 2005

재클린 심슨.『유럽신화』. 이승연 역. 범우사. 2003

권혁재 외.『동유럽신화』. 한국외국어대학교.

한재규.『귀신이여 이제 대로를 활보하라』. 북 캠프. 2004

호르헤 루이스 보르헤스 외.『상상 동물 이야기』. 남진희 역. 까치. 1994

진 쿠퍼.『세계 문화 상징 사전』. 이윤기 역. 까치. 1994

이인식.『신화 상상 동물 백과사전』. 생각의 나무. 2005

피에르 그리말.『그리스로마 신화 사전』. 백영숙 외 역. 열린 책들. 2003

케빈 크로슬리 홀런드.『북유럽 신화』. 서미석 역. 현대지성사. 1999

찰스 스콰이어.『켈트 신화와 전설』. 나영균, 전수용 역. 황소자리. 2009

구사노 다쿠미.『환상동물 사전』. 송현아 역. 들녘. 2001

윌리엄 버틀러 예이츠.『켈트의 여명』. 서혜숙 역. 펭귄 클래식 코리아. 2008

윌리엄 모리스 외.『톨킨의 환상서가』. 김정미 역. 황금가지. 2005

J. R. R. 톨킨.『호빗 The Hobbit』. 이미애 역. 씨앗을 뿌리는 사람. 2009

참고문헌
Bibliography

이혜정.『그림형제 독일 민담』. 뮤진트리. 2010

김용선.『코란』. 명문당. 2002

김형진.『이야기 인도신화』. 청아. 2012

다케루베 노부아키 외.『판타지의 마족들』임희선 역. 들녘. 2000

이종진.『러시아 민담연구』. 한국외국어대학교. 2005

DK편집부.『한 권으로 읽는 세계의 신화와 전설』. 신인수 역. 주니어RHK. 2013

드니 지라 외.『세계 종교 사전』. 윤인숙 역. 현실문화 연구. 2012

M. 그랜트 외.『그리스 로마 신화 사전』. 김진욱 역. 범우사. 1993

낸시 헤더웨이 『세계 신화 사전』. 신현승 역. 세종서적. 2004

Brian Froud. Alan Lee. Faeries Deluxe Collector's Edition. Harry N. Abrams. 2010

Brian Froud. Good Faeries/Bad Faeries. Simon & Schuster. 1998

Cassandra Eason. A Complete Guide to Faeries & Magical Beings. Weiser Books. 2002

Teresa Moorey. The Fairy Bible. Sterling. 2008

John Matthews. Brian Froud. How to See Faeries. Harry N. Abrams. 2011

| INDEX

판타지사전 [요정]

초판인쇄	2015년 3월 15일
초판발행	2015년 3월 20일
지은이	토니양
발행인	방은순
펴낸곳	도서출판 프로방스
표지 & 편집 디자인	Design CREO
마케팅	조현수
ADD	경기도 고양시 일산동구 백석2동 1301-2 넥스빌오피스텔 904호
전화	031-925-5366~7
팩스	031-925-5368
이메일	provence70@naver.com
등록번호	제396-2000-000052호
등록	2000년 5월 30일
ISBN	978-89-89239-95-6 03210

정가 28,000원

파본은 구입처나 본사에서 교환해드립니다.